Maschinen und Roboter

Inhalt

Einfache Maschinen

Mit einem Keil spaltet man Holz.

Schon in frühester Zeit haben die Menschen riesige Steinblöcke und Baumstämme bearbeitet, hochgehoben und transportiert. Heute wundern wir uns, wie sie das schaffen konnten. Mit Sicherheit kannten sie schon einfache Maschinen* wie den Keil, den Hebel und die schiefe Ebene. Einen schweren Steinblock auf einer schiefen Ebene hochzuziehen fällt viel leichter als ihn senkrecht hochzuheben. Man spart dabei Kraft, muss aber eine entsprechend längere Strecke zurücklegen. Die Eigenschaft der schiefen Ebene macht man sich zum Beispiel auch beim Keil zunutze, mit dem man Holz und sogar Steine spaltet. Auch die Axt ist nichts anderes als ein scharfer Doppelkeil.

Diese drei prähistorischen Werkzeuge funktionieren wie Keile.

Die Schar dieses einfachen Pfluges ist ein Keil, der das Erdreich aufschneidet und die Schollen umdreht.

Der Stechbeitel hat vorne eine Schneide mit einer schiefen Ebene. Damit hebt der Schreiner dünne Holzschichten ab.

Der Obelisk wird auf einer schiefen Ebene nach oben gezogen. Vor dem Schlitten wird die Erde befeuchtet um die Reibung zu verringern.

Diesen Teil heraustrennen.

▼

Passstraßen mit großer Steigung sind als schiefe Ebenen in Form von Serpentinen angelegt.

Ägyptische Obelisken bestehen aus einem einzigen Granitblock. Sie sind bis zu 20 Meter hoch und über 130 Tonnen schwer.

Vor dem Schlitten goss man Wasser aus um ihn leichter über den Boden ziehen zu können.

Aufrichten

Die alten Ägypter richteten vor den Tempeleingängen jeweils zwei Obelisken auf. Das Aufstellen war eine gewaltige Anstrengung.

Die Arbeit wurde von Kriegsgefangenen ausgeführt. Sie bauten aus Lehmziegeln eine lange Rampe mit sanfter Steigung. Dank dieser schiefen Ebene brauchten sie zum Hochziehen des Obelisken viel weniger Kraft, als es seinem Gewicht* entsprach.

Schneiden und zerteilen

Jeder Keil besteht aus zwei schiefen Ebenen. Wenn man mit dem Hammer auf den Keil schlägt, dringt dieser in den Holzklotz ein und spaltet ihn (s. Seite 2). Die Kraft, die der Hammer auf den Keil ausübt, wird durch die schiefen Ebenen vervielfacht.

Mittelalterlicher Pflug

Moderner Traktor

Der Pflug als Keil

Auch beim Pflug nutzt man das Keilprinzip. Er besteht aus drei keilförmigen Teilen: Das Sech schneidet die Erde senkrecht ein, die Schar zerteilt die Schollen in der Waagerechten, das Streichblech wendet sie um.

Der Obelisk wird langsam in einer Grube aufgerichtet. Die Arbeiter entfernen von unten her den darin befindlichen Sand.

Ein- und zweiarmige Hebel

„Gebt mir einen festen Punkt und ich werde die Erde bewegen“, soll Archimedes* gesagt haben.

In Ägypten, an den Ufern des Nil, heben Männer mit langen Stangen Gefäße mit Wasser hoch. In einem Steinbruch bewegt ein Bagger tonnenschwere Steinbrocken. Obwohl zwischen diesen Maschinen* 5 000 Jahre liegen, funktionieren beide nach dem Hebelprinzip. Mit Hebeln kann man schwere Lasten leicht heben. Wie groß die eingesetzte Kraft jeweils ist, hängt vom Abstand zwischen Drehpunkt und Last ab.

Die Ägypter schöpften das Wasser mithilfe langer Hebel, an deren einem Ende ein Gegengewicht befestigt war.

1. Zweiarmiger Hebel
2., 3. Einarmige Hebel

Zweiarmige Hebel
Bei zweiarmigen Hebeln greifen Last und Kraft an verschiedenen Seiten des Drehpunktes an. Je näher die Last am Drehpunkt liegt, desto weniger Kraft ist nötig um die Last zu heben.

Riesenhebel
Im Mittelalter setzte man bei Burgbelagerungen Katapulte ein. Die riesigen Hebel mit Gegengewichten schleuderten 35 kg schwere Steine 160 m weit!

Einarmige Hebel
Bei einarmigen Hebeln greifen Last und

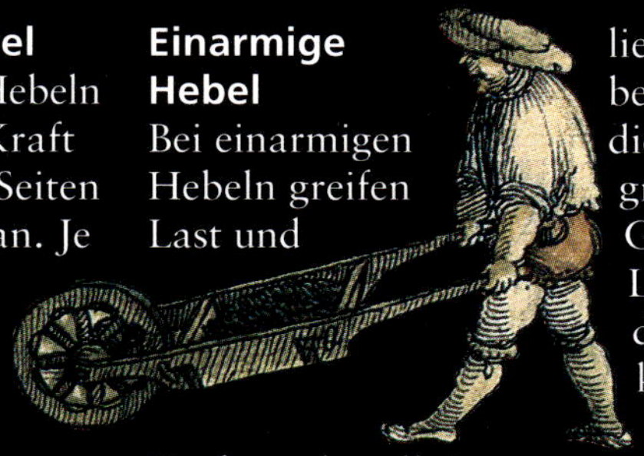

Kraft an derselben Seite des Drehpunktes an. Bei der Schubkarre liegt der Angriffspunkt der Last näher beim Drehpunkt als der Angriffspunkt der Kraft. Deswegen können wir mit der Schubkarre unter Aufwendung verhältnismäßig geringer Kraft große Lasten bewegen. Dank dem Rad, das die Reibung stark verringert, erfordert auch der Transport über längere Strecken nur wenig Kraftanstrengung.

Bagger und Angel
Einfache Bagger haben ebenfalls einen einarmigen Hebel. Die Antriebskraft durch die Hydraulik* liegt hier jedoch näher beim Drehpunkt als die Last. Sie muss also größer sein als die Gewichtskraft der Ladung. Dafür legt der Antrieb einen kürzeren Weg zurück. Dieselbe Art Hebel verwendet der Angler:

Die Hand, mit der er die Kraft ausübt, liegt nahe am Drehpunkt; der Weg ist kurz. Die Angelrute legt einen weiten Weg zurück und deshalb kann man einen Fisch schnell aus dem Wasser ziehen.

1

Doppelte Hebel
Einige Werkzeuge bestehen aus zwei Hebeln mit einem gemeinsamen Drehpunkt. Die Schere (1) gehört zu den zweiarmigen Hebeln, der Nussknacker (2) und die Pinzette (3) zählen dagegen zu den einarmigen Hebeln.

2

3

▶ Viele Maschinen* enthalten ein- und zweiarmige Hebel wie auch dieser Bagger mit hydraulischem Antrieb.

Heben, pressen, verbinden

Die Schiffsschraube bewegt sich im Wasser genauso fort wie eine Metallschraube im Holz.

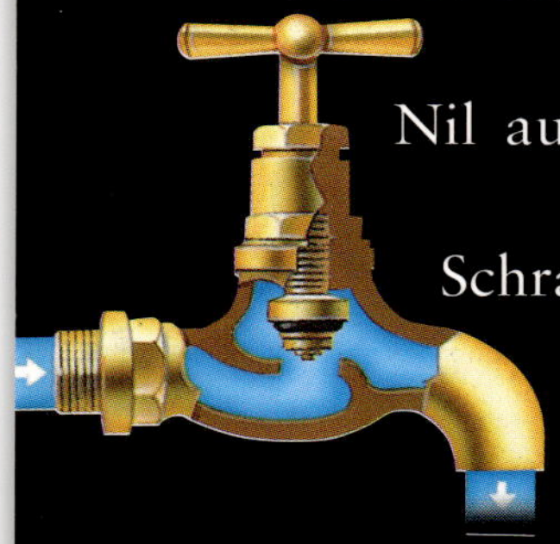

Vor 3000 Jahren drehten die Ägypter eine große Holzschraube in einer schrägen Röhre und hoben auf diese Weise das Wasser aus dem Nil auf ihre Felder. Später merkten die Römer, dass man mit Schrauben auch große Kraft ausüben kann. Sie verwendeten sie in ihren Öl- und Weinpressen. In der Renaissance stellten Handwerker die ersten Schrauben aus Metall her und verbanden damit Holzteile. Seit dem 19. Jahrhundert werden Schrauben in Massen gefertigt. Mit Schrauben und Muttern verbindet man heute auch Metallteile. Eine Welt ohne Schrauben könnten wir uns gar nicht mehr vorstellen!

Wenn man die archimedische Schraube mit einer Kurbel dreht, hebt sie Wasser hoch.

◀ Diese Schraube hat ein flachgängiges Gewinde.

Schlitzkopfschraube

Man bohrt die Spindel des Korkenziehers in den Korken und zieht diesen dann hoch.

Kopf...

Der Kopf der Schraube ist dem Werkzeug angepasst, mit dem man sie dreht. Er ist geschlitzt, kreuzförmig oder sechskantig.

... und Schaft

Holzschrauben haben einen zugespitzten konischen Schaft und ein scharfes, steilgängiges Gewinde, damit sie sich leicht ins Holz drehen lassen. Bei Metallschrauben ist der Schaft zylindrisch und das Gewinde flachgängig. Am unteren Ende schraubt man eine Mutter auf.

30 Meter lang!

Die archimedische Schraube wird heute noch verwendet um Getreide, Erde oder Kies zu transportieren.

Handbohrer

Gewinde

Jede Schraube hat ein Gewinde. Der Abstand zwischen zwei Gewindegängen heißt Ganghöhe. Dreht man die Schraube, dann bohrt sie sich mit dem Gewinde in die Unterlage.

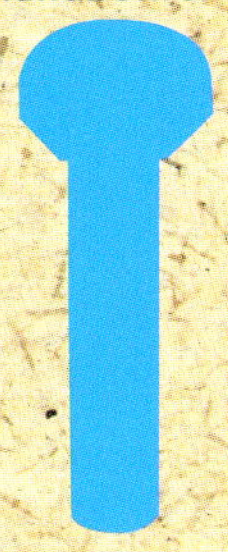

Sechskantschraube

Zusammenarbeit

Mit einer Endlosschraube und einem Zahnrad* ändert man die Bewegungsrichtung.

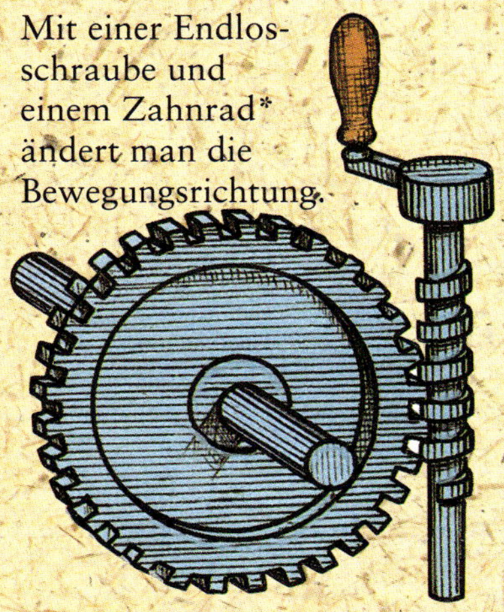

1

Dieses Schneckengetriebe* hat eine starke Untersetzung* und einen hohen Wirkungsgrad*.

Fest zugedreht

Öl- und Weinpressen, Zwingen, Schraubstöcke – viele Werkzeuge verwenden Schrauben um Teile zusammenzupressen oder festzuhalten.

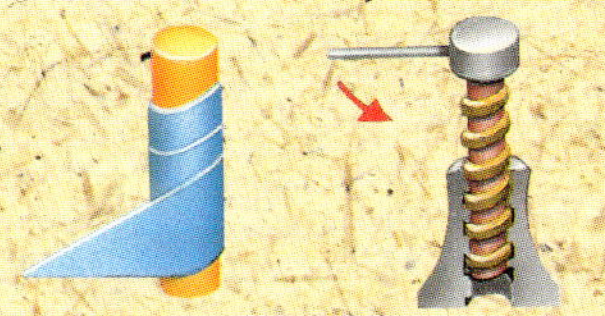

Eine schiefe Ebene

Das Gewinde ist eine um den Schaft aufgewickelte schiefe Ebene. Je geringer die Ganghöhe, umso leichter bohrt sich die Schraube ins Holz, doch umso öfter muss man drehen.

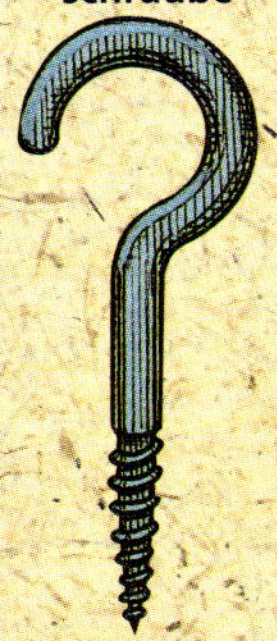

Schraubhaken

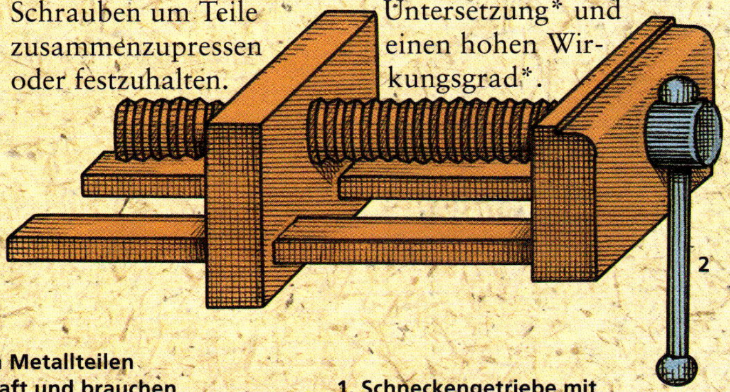

2

Schraube mit Mutter

Schrauben zum Verbinden von Metallteilen haben einen zylindrischen Schaft und brauchen eine Mutter. Für besonders feste Verbindungen wird noch eine Gegenmutter angezogen.

1. Schneckengetriebe mit Schnecke und Zahnrad
2. Schraubstock

Rolle und Flaschenzug

Die Winde dieses Brunnens besteht aus einer zylindrischen Rolle und einem größeren Handrad, das als Hebel dient.

Wasser aus einem tiefen Brunnen schöpfen, die Segel eines Schiffes verstellen, Steinblöcke für den Bau einer Kathedrale hochheben ... all dies wäre ohne Rolle unmöglich. Sie besteht aus einer runden Scheibe mit einer Rille für das Seil und gehört zu den einfachen Maschinen*. Mit einer einzigen festen Rolle kann man die Kraft nur umlenken. Fügt man noch eine lose Rolle hinzu, so halbiert sich die Kraft, die wir aufwenden müssen um eine Last zu heben. Dafür verdoppelt sich aber die Länge des Seiles, das wir durch die Hand laufen lassen müssen. Dies ist das Prinzip des Flaschenzugs*.

Je mehr Rollen ein Flaschenzug hat, umso geringer ist die Kraft, die aufgewendet werden muss um eine Last zu heben. Dafür muss aber mehr Seil durchlaufen.

Von der Mühle zur Fabrik

Mühlen mit horizontalem Wasserrad wurden direkt über den Bachlauf gebaut.

1

Im Mittelalter gab es am Ufer von Bächen und Flüssen viele Mühlen. Das Wasser trieb ein großes Holzrad an, das über eine Welle* und ein Getriebe* mit dem Mühlstein verbunden war. Wenn dieser sich drehte, wurde das Getreide zu Mehl gemahlen. Bereits im 11. Jahrhundert nutzte man die Wasserkraft in Walkmühlen zum Stampfen der Wollstoffe. Seit dem 16. Jahrhundert trieben Wasserräder über Nocken* und Kurbeln* auch Blasebälge*, Hämmer und Sägen an. So entstanden erste Fabriken*, vor allem Eisen- und Sägewerke.

2

1. Von einem Ochsen angetriebener Göpel* zum Zermahlen von Zuckerrohr
2. Göpel von oben

Diese Wassermühlen unter den Brücken von Paris befanden sich auf Booten und passten sich somit dem wechselnden Wasserstand an.

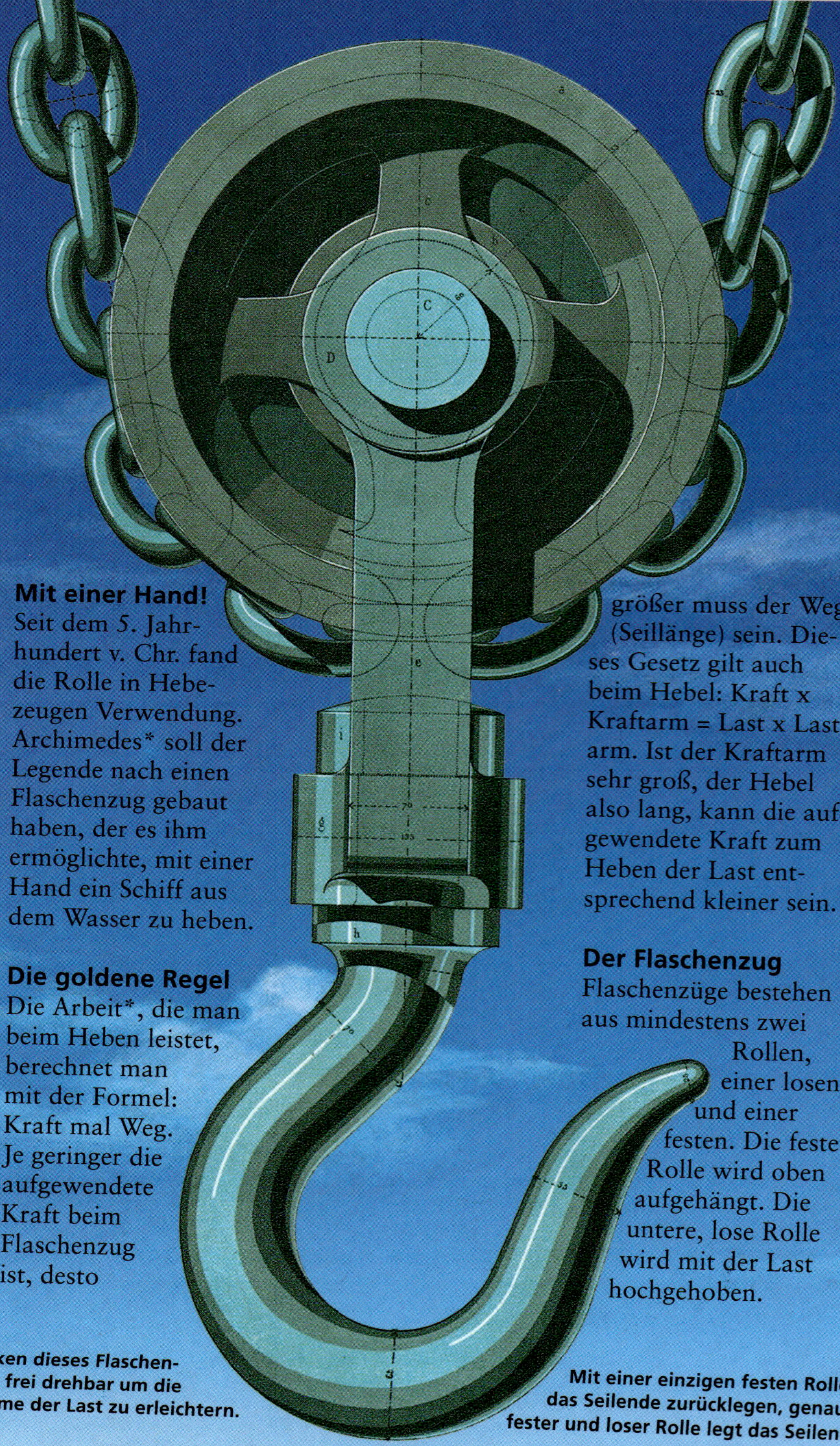

Mit einer Hand!
Seit dem 5. Jahrhundert v. Chr. fand die Rolle in Hebezeugen Verwendung. Archimedes* soll der Legende nach einen Flaschenzug gebaut haben, der es ihm ermöglichte, mit einer Hand ein Schiff aus dem Wasser zu heben.

Die goldene Regel
Die Arbeit*, die man beim Heben leistet, berechnet man mit der Formel: Kraft mal Weg. Je geringer die aufgewendete Kraft beim Flaschenzug ist, desto größer muss der Weg (Seillänge) sein. Dieses Gesetz gilt auch beim Hebel: Kraft x Kraftarm = Last x Lastarm. Ist der Kraftarm sehr groß, der Hebel also lang, kann die aufgewendete Kraft zum Heben der Last entsprechend kleiner sein.

Der Flaschenzug
Flaschenzüge bestehen aus mindestens zwei Rollen, einer losen und einer festen. Die feste Rolle wird oben aufgehängt. Die untere, lose Rolle wird mit der Last hochgehoben.

Der Haken dieses Flaschenzugs ist frei drehbar um die Aufnahme der Last zu erleichtern.

Einfache Rolle
Bei der festen Rolle ist die aufgewendete Kraft so groß wie die Last. Die Rolle lenkt die Bewegung nur um.

Doppelte Rolle
Dank der losen Rolle verteilt sich die Last auf zwei Seilzüge. Die Kraft halbiert sich, doch der Seilweg verdoppelt sich.

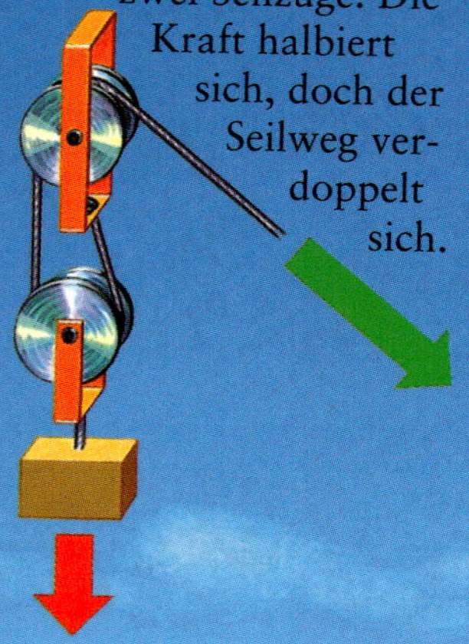

Mit einer einzigen festen Rolle ist die Strecke, die die Last und das Seilende zurücklegen, genau gleich groß. Beim Flaschenzug mit fester und loser Rolle legt das Seilende die doppelte Strecke der Last zurück.

Die Laufkatze fährt am Ausleger entlang und enthält einen Flaschenzug.

Der Lasthaken ist über Rollen am Hebeseil befestigt.

Der Turmdrehkran
Moderne Großbaustellen kommen heute nicht mehr ohne die schlanken, hohen Turmdrehkräne aus. Diese tragen oben einen langen Ausleger mit einer oder mehreren Laufkatzen. Sie können Lasten zielgenau aufnehmen und absetzen.

Der Ausleger
Der Ausleger kann in 200 m Höhe liegen und 25 bis 65 m lang sein. Das Maximalgewicht, das die Laufkatzen befördern können, hängt davon ab, wie weit sie vom Drehpunkt entfernt sind.

Die Laufkatze auf dem Ausleger wird von einem Stahlseil gezogen, das sich auf einer Winde* aufwickelt.

Das Gegengewicht
Ein kleinerer Ausleger gegenüber dem Hauptausleger ist mit Betonplatten beschwert. Sie dienen als Gegengewicht, damit der Kran nicht umkippt. Auch am Fuß wird der Kran mit Beton beschwert.

Der Aufzug
Aufzüge sind über ein Stahlseil mit Gegengewichten verbunden. Sie wiegen etwa so viel wie die Kabine. Der Motor muss also nur das Gewicht der Liftbenutzer überwinden.

Mittelalterlicher Lastkran mit Tretrad. Durch ihre Tretbewegungen versetzten die Männer das Rad in Drehung. Das Tretrad diente als Hebel für die Winde*. Mit einem solchen Kran konnten zwei Männer bis zu 6 Tonnen Last heben.

Die gemessene Zeit

1

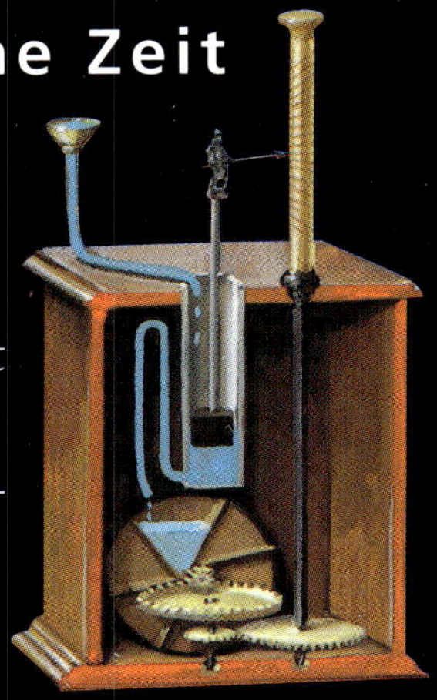
2

1. Der Uhrturm in Venedig. Die beiden Bronzefiguren hämmern zu jeder vollen Stunde an die Glocke.
2. Wasseruhr des griechischen Mechanikers Ktesibios*

In der Antike konnte man die Zeit nur sehr ungenau mit Sonnenuhren* oder Wasseruhren* messen. Erste Räderuhren gab es im 13. Jahrhundert an Kirchtürmen. Sie waren noch sehr schwer und hatten nur Stundenzeiger. Zweihundert Jahre später wurde der Federantrieb* erfunden und man konnte nun kleinere Uhren bauen. Die Entwicklung der Pendeluhr seit dem 17. Jahrhundert machte die Zeitmessung immer genauer. Mit der Spiralfeder ließen sich auch Taschenuhren bauen. Um 1510 stellte Peter Henlein* die erste dosenförmige Taschenuhr her.

Bei hellem Tageslicht stellt der Uhrmacher die zahlreichen Einzelteile her, aus denen eine Uhr besteht.

Das Leben als Illusion

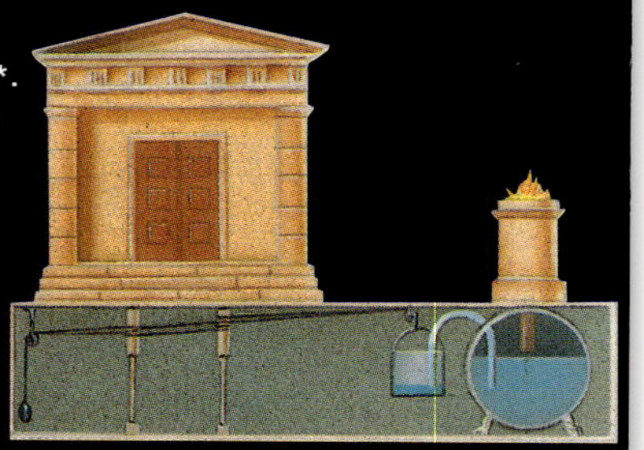

Türautomat des griechischen Mechanikers Heron*. Die Tempelflügel öffneten sich durch Dampfkraft.

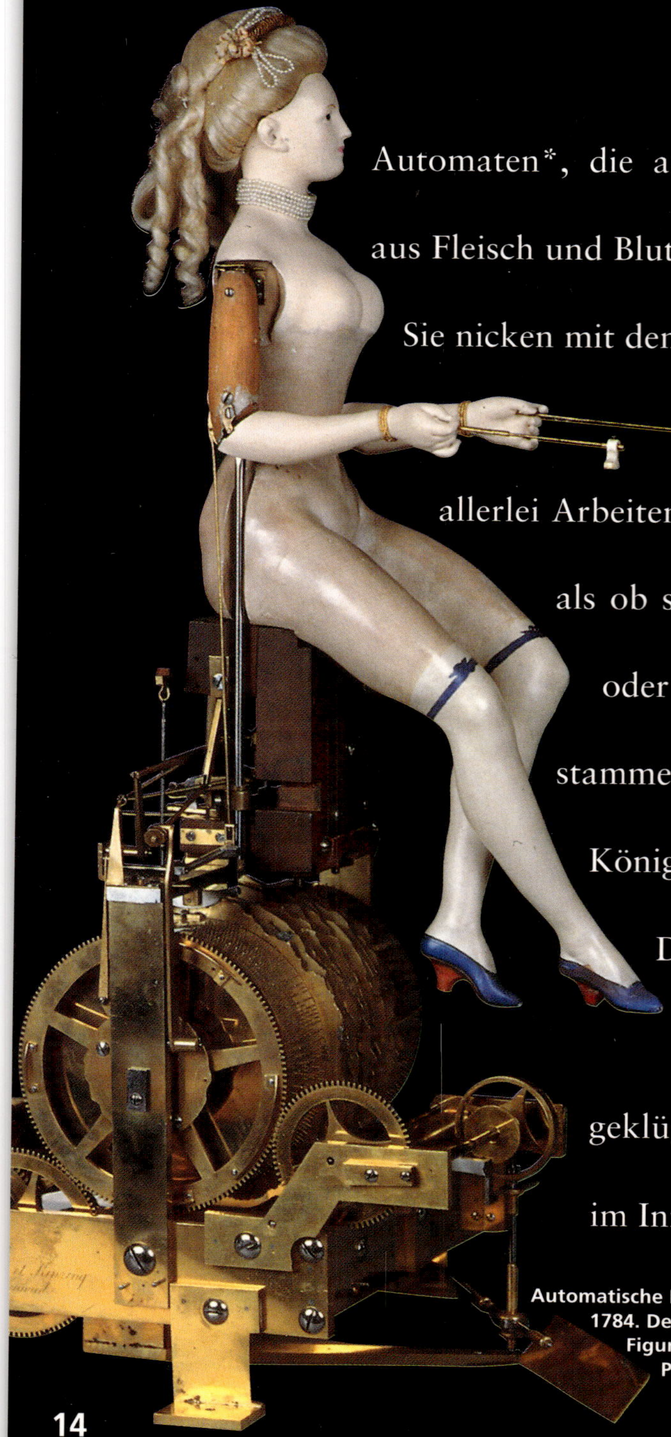

Automaten*, die aussehen wie Menschen aus Fleisch und Blut, kann man nur noch in Museen bewundern. Sie nicken mit dem Kopf und ihre Glasaugen bewegen sich. Sie verrichten mit ihren Porzellanhänden allerlei Arbeiten und ihre Brust hebt und senkt sich, als ob sie atmeten. Sie schreiben, zeichnen oder spielen Klavier ... Diese Automaten stammen aus einer Zeit, in der Fürsten und Könige solche ausgesuchten Spielzeuge sammelten. Das ganze Geheimnis ihrer Bewegungsfähigkeit beruht auf ausgeklügelten Mechanismen im Inneren der Körper.

▲ Käfig mit einem pfeifenden Vogel, Automat aus dem 18. Jahrhundert

Automatische Hackbrettspielerin von 1784. Der Zylinder unter der Figur enthält Stifte mit dem Programm für die Musik.

Automatischer Akrobat von Decamps (Beginn 20. Jh.) Die Hebel in den Armen werden von Rädern im Sockelinnern angetrieben und führen verschiedene Turnübungen vor.

Erste Automaten

Der Grieche Heron* baute im 1. Jahrhundert n. Chr. Automaten, die von Wasser oder Dampf angetrieben wurden. Die Araber machten Herons Schriften zur Zeit der Renaissance in Europa wieder bekannt. Im 18. Jahrhundert bauten Vaucanson* und Jacquet-Droz* menschenähnliche Automaten, die damals als Wunderwerke galten.

Musik! Musik?

Mithilfe von Pfeifen, Kolben und Blasebälgen zwitschern mechanische Vögel, zischen Schlangen und quaken sogar Frösche!

Mechanischer Frosch aus Email mit Edelsteinen (19. Jh.)

Das Geheimnis

Die Zahnräder* dieses japanischen Automaten werden nicht durch ein Gewicht*, sondern durch eine Feder angetrieben. Diese ist über eine Welle* mit weiteren Zahnrädern verbunden. Bestimmte Bewegungen kommen durch Nocken* zustande.

Dieser japanische automatische Diener bewegt sich vorwärts, wenn man eine volle Tasse auf das Tablett stellt, das er in Händen hält (Ende 18. Jh.).

Nimmt man die Tasse ab, zieht sich der Automat zurück.

Mechanik zum Vergnügen

Künstliche Grotte mit Automaten im Schloss Hellbrunn bei Salzburg (18. Jh.)

Wasserspiele in den Gärten des Schlosses von Versailles

In den Gärten der französischen Könige gab es prächtige Wasserspiele. Sie wurden von Wasserrädern und Pumpen angetrieben. Automaten bewegten sich in künstlichen Grotten. Später drehten Dampfmaschinen* die Karussells, die vorher von Pferden gezogen wurden. Alle Neuerungen in der Mechanik wurden sogleich auch für die Belustigung eingesetzt. Schon Leonardo da Vinci* baute für die Feste am Königshof automatische Wagen. Was würde er zu den Achterbahnen gesagt haben, die heute mit Elektromotoren für Vergnügen sorgen!

1681 bis 1688 wurden in Marly an der Seine viele Wasserräder errichtet. 259 Pumpen speisten die Wasserspiele der Gärten von Versailles.

Die Plattform mit Pferden dreht sich um einen Leierkasten in der Mitte des Karussells (Ende19. Jh.).

Diesen Teil heraustrennen.

Diesen Teil heraustrennen.
▼

Das erste mit einer Dampfmaschine* betriebene Karussell wurde 1864 gebaut. Die Holzpferde wurden von Kurbeln hochgehoben und wieder gesenkt.

Die schwere Dampfmaschine stand auf Rädern, damit sie leichter zum nächsten Jahrmarkt transportiert werden konnte.

◀ Karussell zu Beginn des 19. Jh.

▼ Gondel einer heutigen Vergnügungsbahn

Spaß mit Volldampf!

In den grauen Vororten der Industriestädte des 19. Jahrhunderts war der Jahrmarkt mit seiner Musik und den bunten Karussells ein Lichtblick. Die Karussells wurden zuerst von Menschen oder von Pferden bewegt. Dann kam als Antrieb die Dampfmaschine* auf.

Ein elektrisches Fest

Mit der Elektrizität veränderten sich die Jahrmärkte rasch:

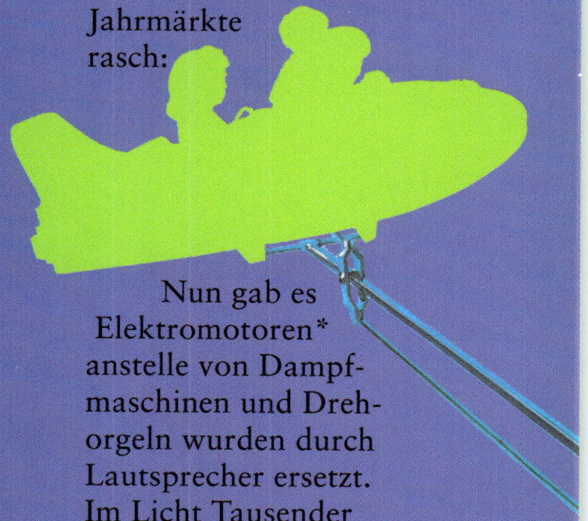

Nun gab es Elektromotoren* anstelle von Dampfmaschinen und Drehorgeln wurden durch Lautsprecher ersetzt. Im Licht Tausender Glühlampen ziehen heute Flugzeuge und Raketen ihre Bahn.

◀ Die Dampfmaschine im Innern des Karussells ist hinter sorgfältig bemalten und geschnitzten Brettern mit Spiegeln verborgen.

Räder mit Gedächtnis

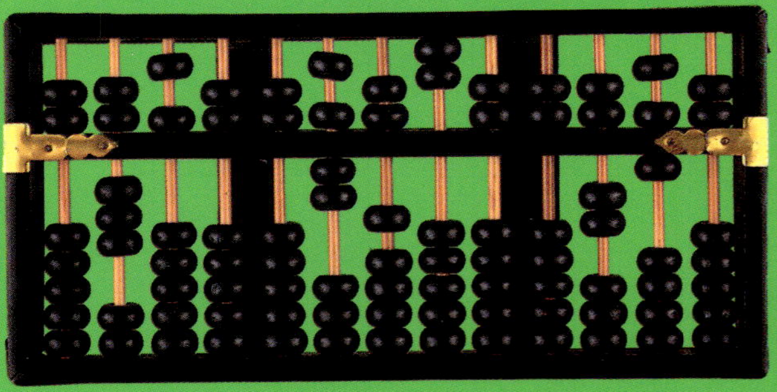

Die alten Römer rechneten mit dem Rechenbrett oder Abakus. Er ist heute noch in Russland, China und Japan in Gebrauch.

Finger, Steinchen und Rechenbretter waren lange Zeit die einzigen Hilfsmittel zum Zählen. Dann entwickelte Blaise Pascal* 1642 die erste mechanische Rechenmaschine*. Sie führte Additionen mithilfe von Zahnrädern* durch. Seit dem 18. Jahrhundert wollte man die eintönigen Bewegungen beim Weben automatisieren. Doch erst 1808 erfand Joseph Jacquard* den automatischen Webstuhl mit Lochkarten. Ab 1822 entwickelte Charles Babbage* in England programmgesteuerte Rechenmaschinen, die ebenfalls mit Lochkarten arbeiteten. Er gilt als der Vater des Computers.

Mechanischer, von Lochkarten gesteuerter Jacquard-Webstuhl

1

2

1. Rechenwerk und Stanzgerät der Lochkartenmaschine von Hollerith* (1889)
2. Lochkarten

Die erste Rechenmaschine von Babbage wurde hundert Jahre später nachgebaut. Man konnte sie zu seiner Zeit noch nicht herstellen.

Rechenmaschine mit den Staffelwalzen von Leibniz* (1770)

Lochkarten

Stoffmuster, Melodien und Rechenoperationen lassen sich durch Lochkarten steuern.

Ein Gehirn aus Stahl

Die zweite Rechenmaschine von Babbage* konnte bereits mit Lochkarten programmiert werden. Sie war ihrer Zeit weit voraus, wurde aber, wie auch die erste Maschine, nie fertig gestellt. Dennoch beeinflusste sie alle späteren Rechenmaschinen und Computer.

Die Curta (1949), die letzte der mechanischen Rechenmaschinen, verwendete auch Staffelwalzen.

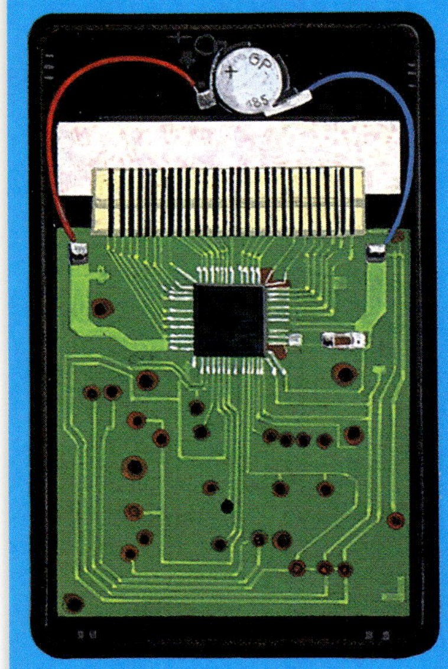

Im Zentrum der gedruckten Schaltung auf dieser Platine* befindet sich ein Chip. Er führt sämtliche Rechenvorgänge durch.

Lochsteuerung

Seit 1725 gab es zur Steuerung von Webstühlen Papierbänder mit Löchern. Die leeren Stellen auf den Papierbändern bildeten einen Code. Durch die Löcher trat eine Nadel, die den Webstuhl so steuerte, dass im Stoff ein Muster entstand. Ähnliche Verfahren gab es bei Spieldosen und Musikautomaten: Stifte auf einer Walze zupften Metallzungen an und man hörte eine Melodie.

Statistik

Hermann Hollerith* entwickelte für die 11. amerikanische Volkszählung im Jahr 1890 ein Verfahren der Informationssverarbeitung mit Lochkarten. Die Hollerith-Maschine gilt als ein Vorläufer des Computers.

Diese alte Registrierkasse arbeitete noch rein mechanisch, also ohne elektrischen Strom.

Werkzeugmaschinen

Kugeln und Kegel werden mit Beiteln auf Drehbänken gefertigt.

Mithilfe der Töpferscheibe verwandelten die Töpfer schon um 3000 v. Chr. Lehmklumpen in bauchige Gefäße. In Drehmaschinen entstehen aus Rundhölzern Kugeln und Kegel. Drehautomaten fertigen aus Metallblöcken Schrauben, Muttern und Zahnräder*. Heute sind sie von Computern gesteuert und drehen die Werkstücke selbstständig. Mit anderen Werkzeugmaschinen kann man Metallstücke biegen, pressen, walzen, stanzen, sägen und schleifen.

Drechsler an der Drehbank

Mit dieser Drehbank stellte man Anfang des 20. Jahrhunderts Metallteile her. Der spanabhebende Stahl fuhr auf einem Schlitten hin und her.

Mobiler Roboter zur Erforschung des Mars

Roboter, an die Arbeit!

Künstliche Sinne und Organe der Roboter: Kamera als Auge (1), Mikrofon als Ohr (2), Chips anstelle des Gehirns (3), Elektromotoren* für die Muskeln (4) und Kabel für die Blutgefäße (5)

3

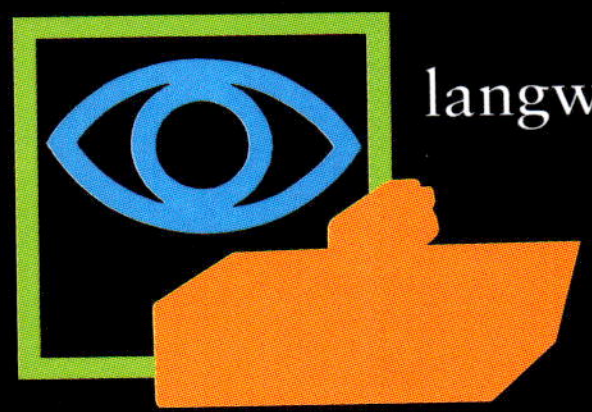

1

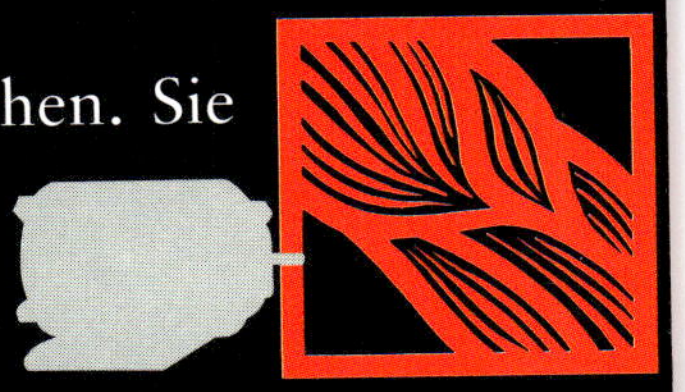

4

2

5

Roboter „Magali“ pflückt Orangen, „TR-2000“ lackiert Autos, der ferngelenkte „Centaurus 2B“ inspiziert einen Kernreaktor. Alle diese Roboter übernehmen anstrengende, langweilige oder gefährliche Arbeiten für uns Menschen. Sie funktionieren nach Programmen und werden von Mikroprozessoren oder von Computern gesteuert. Seit den 60er-Jahren gibt es Industrieroboter, die an Fließbändern arbeiten. Sie müssen in der Lage sein, sich mithilfe von Sensoren* in ihrer Umwelt zurechtzufinden. Diese Roboter sehen, hören und nehmen sogar Gerüche wahr und handeln danach.

Der Roboter „Magali“ pflückt mit seinem Greifarm alle zwei Sekunden eine Frucht. Gesteuert wird er mit Ultraschall.

Dampfmaschine* von Maudslay. Sie war in den Fabriken des 19. Jahrhunderts weit verbreitet.

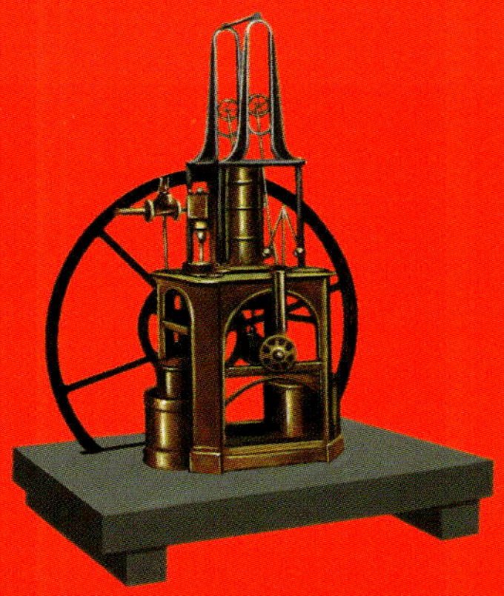

Dampfzeitalter

Im Jahr 1765 baute James Watt* die erste brauchbare Dampfmaschine*. Er revolutionierte damit die gesamte Industrie und das Dampfzeitalter nahm seinen Anfang. Es entstanden viele Fabriken*, in denen die Antriebskraft der Dampfmaschine über Treibriemen auf die einzelnen Werkzeugmaschinen verteilt wurde. Die Stähle der Fräsmaschinen hoben die Späne von Metallstücken ab und formten so Werkzeuge. Die Transmissionsriemen für die Übertragung der Kraft füllten die halbe Fabrikhalle aus.

In dieser „Dampffabrik" aus dem 19. Jahrhundert wurden Teile für Nähmaschinen hergestellt.

Transparentfolie (hinten im Buch) nach oben oder unten bewegen: Die Treibriemen bewegen sich!

Skizze einer Maschine zur Herstellung von Feilen von Leonardo da Vinci. Der Antrieb sollte über ein Gewicht erfolgen (16. Jh).

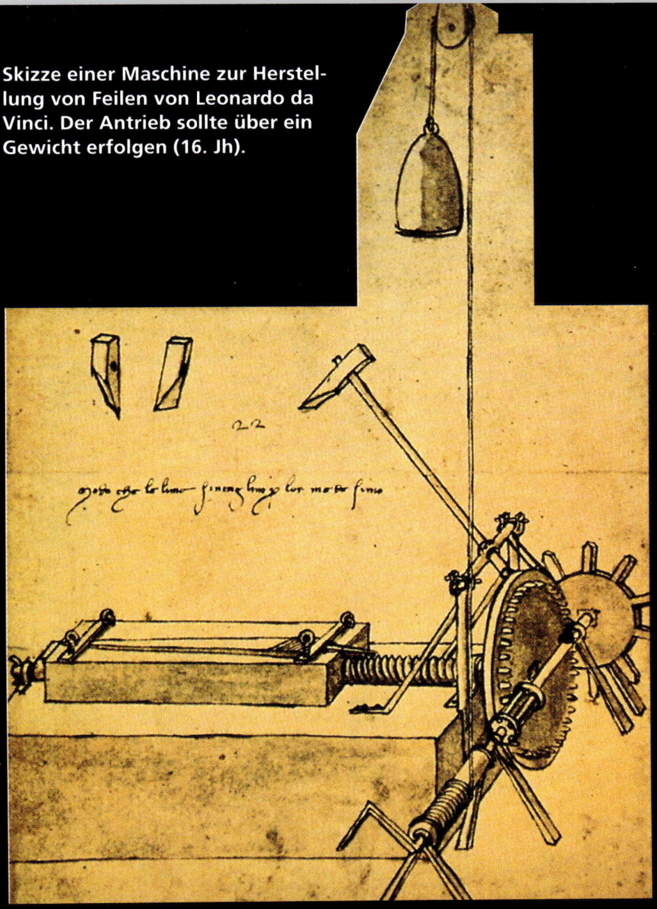

Ideenreichtum

Im 16. Jahrhundert verbesserte Leonardo da Vinci* die Drehbank. Er entwarf automatische Maschinen, die Gegenstände ohne Zutun des Menschen anfertigten.

Werkzeugmaschinen heben Späne vom Werkstück ab oder verformen es.

Alle Formen

Früher brauchte man für die Herstellung auch einfacherer Gegenstände mehrere

Maschinen. Heute stellen Drehautomaten selbst hochkomplizierte Formen wie den Kopf eines künstlichen Hüftgelenks in aufeinander folgenden Arbeitsgängen präzise her. Alle erforderlichen Daten über Größenverhältnisse und Form werden dem Drehautomaten durch den Computer eingegeben.

Dieser moderne Drehautomat wird von einem Computer gesteuert.

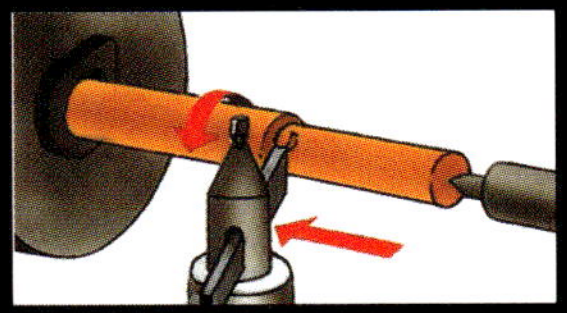

Von einem Metallzylinder werden in der Drehmaschine Späne abgehoben.

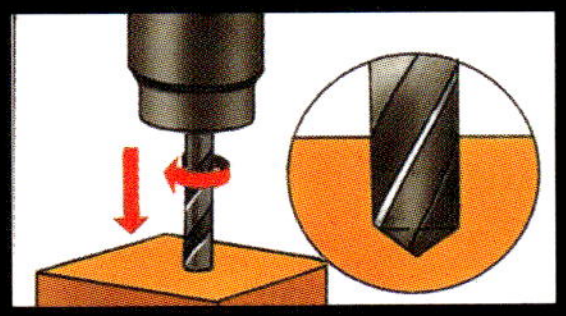

Auch die Bohrmaschine bohrt spanabhebend ein Loch mit dem Bohrer.

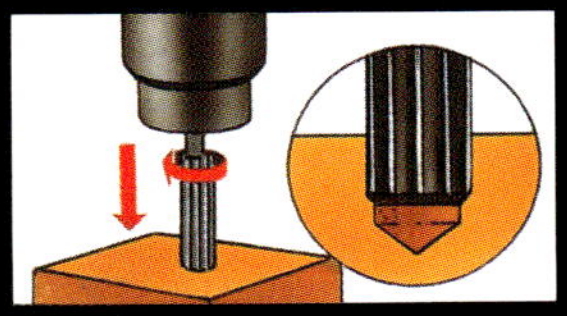

Mit diesem Bohrer werden die Wände des Bohrlochs geglättet.

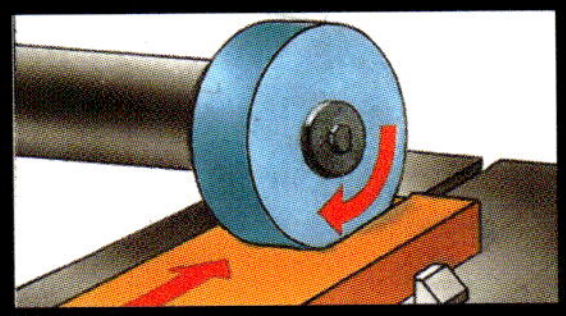

Mit der Rundschleifmaschine werden Oberflächen vom Werkstück abgehoben.

Auch mit Fräsmaschinen kann man größere Oberflächen abheben.

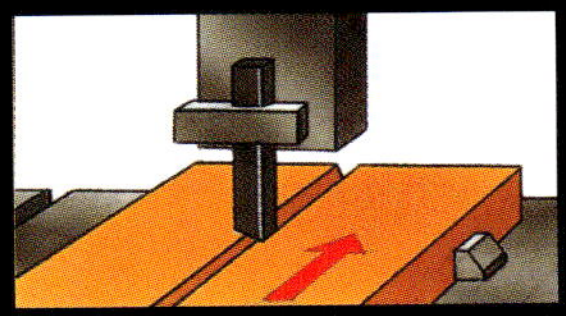

Mit einem Nuteisen, das auf einer Schiene läuft, kann man tiefe Kehlen schneiden.

Pedalantrieb einer Drehbank im Mittelalter

Harte Arbeit

Seit dem Altertum trieb man Drehbänke von Hand mithilfe des Fiedelbogens und später mit einem Fußpedal an. In beiden Fällen wurde eine Schnur an einer Welle hin- und hergezogen und aus der Hin- und Herbewegung entstand eine Drehbewegung. Von dem sich drehenden Werkstück hob man Späne mit dem Messer ab. Auf diese Weise stellte man zum Beispiel Holzperlen her.

Glätten von Zinn

In dieser Werkstatt aus dem 16. Jahrhundert bearbeitet der Meister gegossene Zinnkrüge auf der Drehbank. Sie erhalten noch Deckel und Henkel und werden von Hand graviert.

Der Antrieb der Welle* erfolgt über ein großes Rad mit einer Kurbel.

Die Transparentfolie langsam nach oben verschieben: Das Rad dreht sich.

Dieser Schweißroboter steht am Fließband einer Fabrik.

Künstliche Intelligenz

Echte Roboter unterscheiden sich von programmierten Automaten dadurch, dass sie ihre Umgebung wahrnehmen und darauf reagieren. Sie sind lernfähig und können sich orientieren. Ein programmierter Schweißautomat setzt eine Naht immer an dieselbe Stelle, auch wenn das zu bearbeitende Stück verschoben ist. Ein echter, „intelligenter“ Roboter merkt die Verschiebung des Werkstücks und bringt die Schweißnaht genau an der richtigen Stelle an.

Ein Computer speichert die Bewegungen, die der Arbeiter mit dem Roboter durchführt (um 1980).

Industrieroboter

Dieser Industrieroboter bearbeitet Stücke, die auf einem Fließband an ihm vorbeiziehen. Seine Bewegungen sind fließend, schnell und präzise. Der Antrieb erfolgt über Hydraulikmotoren. Die Roboterarme kann man mit unterschiedlichen Werkzeugen ausstatten.

Vollautomatisch

Vor allem in Japan beaufsichtigen wenige Menschen Fabrikhallen voller Roboter. Die Roboter werden im Gegensatz zum Menschen nie müde.

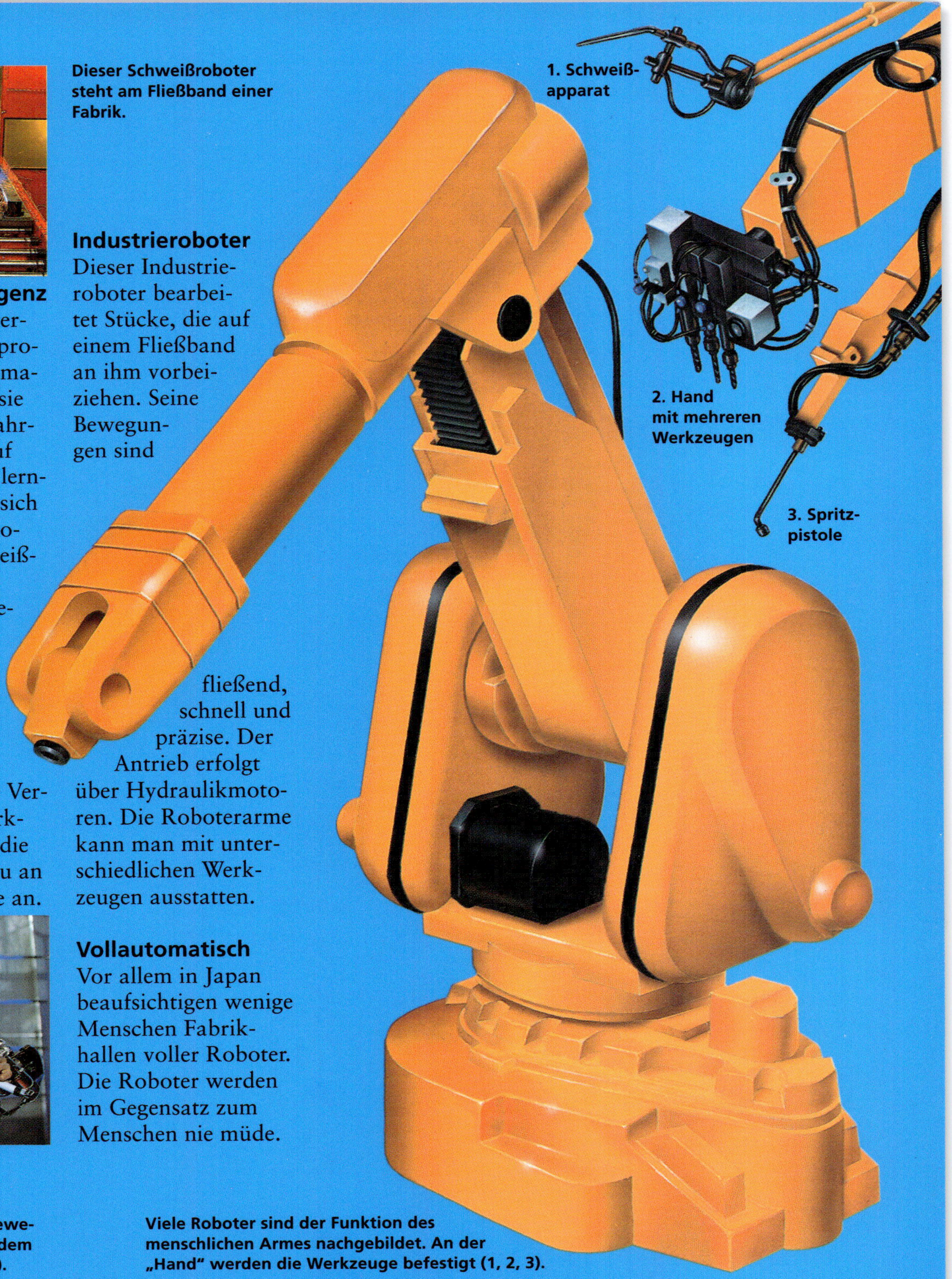

Viele Roboter sind der Funktion des menschlichen Armes nachgebildet. An der „Hand“ werden die Werkzeuge befestigt (1, 2, 3).

Technik im Haushalt

1

„Die stets adrett gekleidete Hausfrau muss nur noch die Maschinen und Geräte in Gang setzen und sie beaufsichtigen“ – so stellte man sich Ende des 19. Jahrhunderts in den USA die Hausarbeit vor!

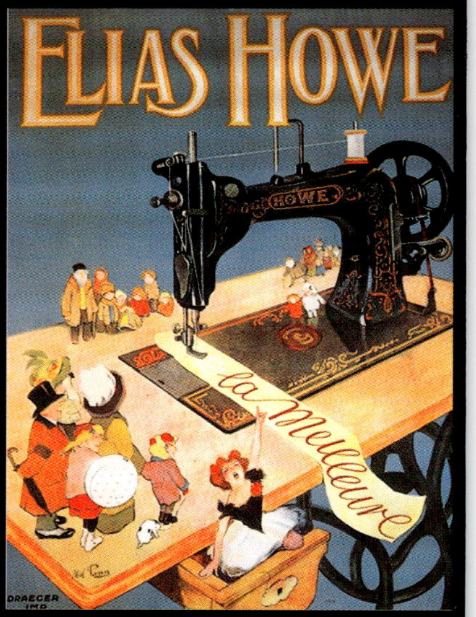

Tatsächlich waren viele Haushaltgeräte eine große Hilfe, zum Beispiel der erste elektrische Herd von 1907. Bald folgten riesige Ungetüme von Staubsaugern. Ende der 20er Jahre kamen die Wasch- und Geschirrspülmaschinen auf. Heute sind die Haushalte voll technisiert: Es gibt Kaffeeautomaten, Eierkocher, Wäschetrockner…

2

1. Von Blasebälgen* betriebener Staubsauger (Ende 19. Jh.)
2. Staubsaugerwerbung aus den 30er Jahren: Ein Elektromotor versetzt einen Ventilator in schnelle Drehung, der den Staub ansaugt.

1

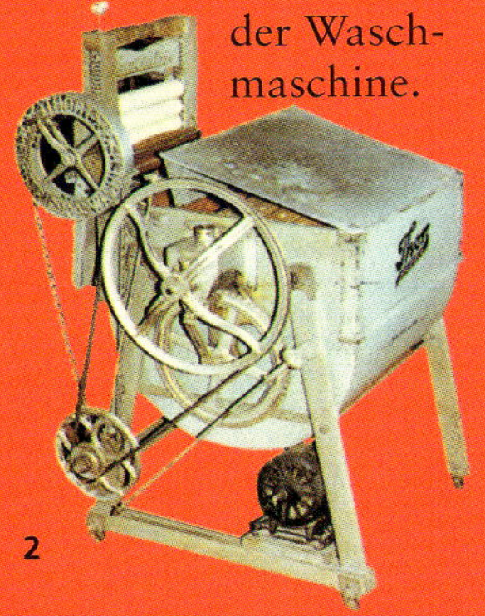

2

Waschmaschinen mit Holzbottich (1) und Waschkessel aus Metall (2), Ende des 19. Jahrhunderts

Handbetrieb

Dieser hölzerne Waschbottich von 1870 mit Rührflügeln ist einer der Vorläufer der Waschmaschine.

Die Trommelwaschmaschine setzte sich unter neun Typen elektrischer Waschmaschinen schließlich durch.

3

3. Waschmaschine (1950). Seit 1920 sind die Waschmaschinen mit einem Elektromotor* ausgerüstet.

Konkurrenz!

Der Pariser Schneider B. Thimonnier entwickelte 1829 eine Nähmaschine und stattete seine Schneiderei mit 80 Stück aus. Die Arbeiter, die um ihren Lebensunterhalt fürchteten, zertrümmerten daraufhin sein Atelier.

Mechanische Briefe

Schon seit dem 18. Jahrhundert versuchte man die Schrift zu mechanisieren. Eine der ersten Schreibmaschinen funktionierte wie ein Klavier. Die Tastatur ist heute noch ähnlich. Die erste serienmäßige Schreibmaschine brachte die Firma Remington 1873 auf den Markt. Ihr Erfinder war der amerikanische Buchdrucker Christopher Sholes, der aber die Rechte verkauft hatte.

Nähmaschine von Thimonnier (1830)

Nähmaschine von Singer (1851)

Hand- und Fußantrieb

Die ersten Nähmaschinen wurden mit Handkurbeln angetrieben. 1851 erfand Isaac M. Singer den Fußantrieb. Die Hände waren damit zum Nähen frei.

Durch Tastendruck wird der Typenhebel bewegt. Er trägt am oberen Ende einen erhabenen Buchstaben, der über ein Farbband auf das Papier schlägt. Schreibmaschinen sind heute weitgehend durch Computerdrucker ersetzt.

Roboterkostüm für das Theater (um 1925)

Roboter aus Blut und Eisen

Amerikanischer Comic (1960)

Was verbergen die unheimlichen Roboter mit dem ruckartigen Gang unter ihrem Stahlpanzer? Diese Androiden* sind Helden von Kinofilmen und Comics und treten als dressierte Helfer des Menschen oder als Ungeheuer und Zerstörer auf. Sie verkörpern das Vertrauen, gleichzeitig aber auch die Ängste, die der Mensch mit der Maschine verbindet.

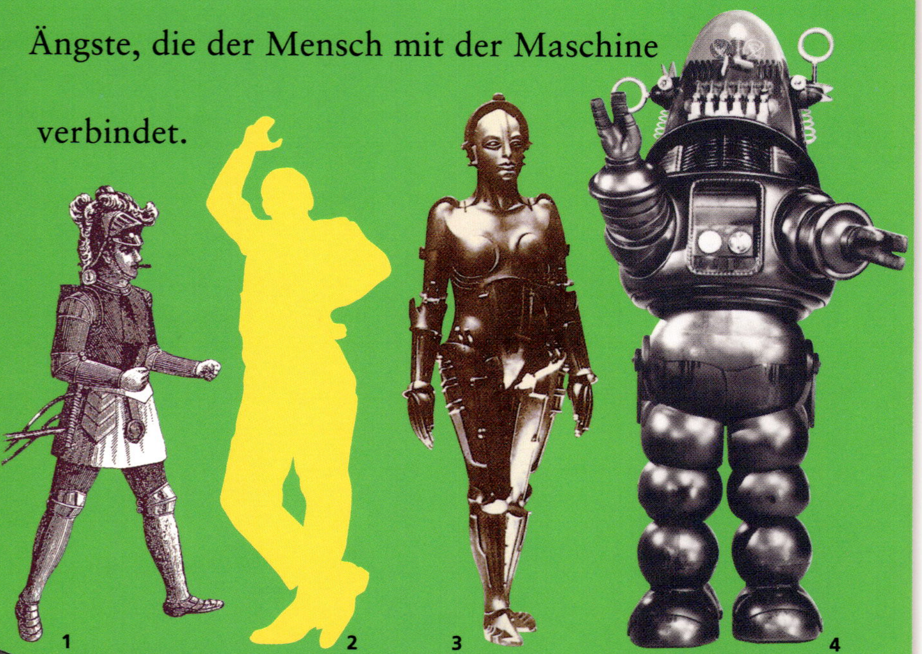

1 „Dampfmensch“ (1893)

2 „R.U.R.“ (1921)

3 „Metropolis“ (1926)

4 „Alarm im Weltall“ (1956)

◀ Spielzeugroboter aus den 70er-Jahren
▶ T-100, der futuristische Roboter aus Flüssigmetall im Film „Terminator 2: Tag der Abrechnung“ (1991)

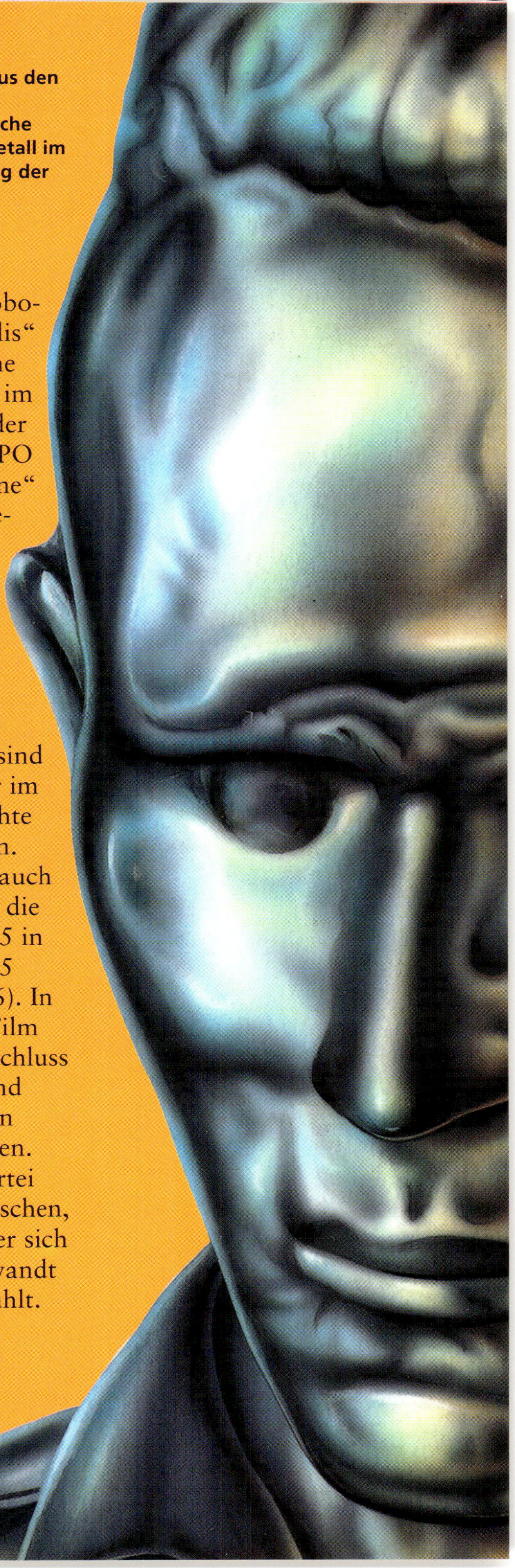

Roboter von R.U.R.
Karel Čapek erfand 1920 den Roboter für sein Drama „R.U.R.“ (2). Das tschechische Wort „robot“ bedeutet so viel wie „Arbeit“.

Invasion
Im Kino erschienen die ersten Roboter nach 1925. In den 50er-Jahren eroberten sie die Comics und Spielwarengeschäfte.

Filmtricks
Der böswillige Roboter aus „Metropolis“ (3), der freundliche Robby in „Alarm im Weltall“ (4) und der empfindsame C3 PO in „Krieg der Sterne“ (5) sind Schauspieler aus Fleisch und Blut in Metallhülsen!

Mechanische Schauspieler
Dank dem technischen Fortschritt sind heute die Roboter im Film oft echte Maschinen. Das gilt auch für die Nr. 5 in „Nr. 5 lebt“ (6). In diesem Film erweckt ein Kurzschluss an einem Fließband einen militärischen Roboter zum Leben. Dieser ergreift Partei für die Menschen, denen er sich verwandt fühlt.

5
„Krieg der Sterne“ (1977)

6
„Nr. 5 lebt“ (1988)

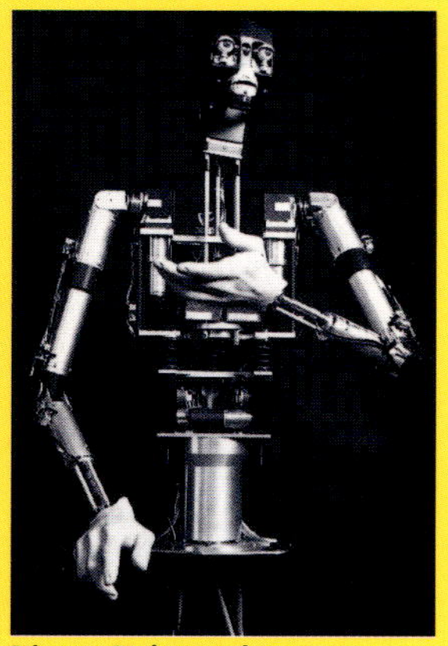

Dieser Roboter ist ganz aus Metall. Nur die Hände sind aus Kunstharz.

Der amerikanische Roboter Manny atmet und schwitzt. Man testet mit ihm die Anzüge von Astronauten und Feuerwehrleuten.

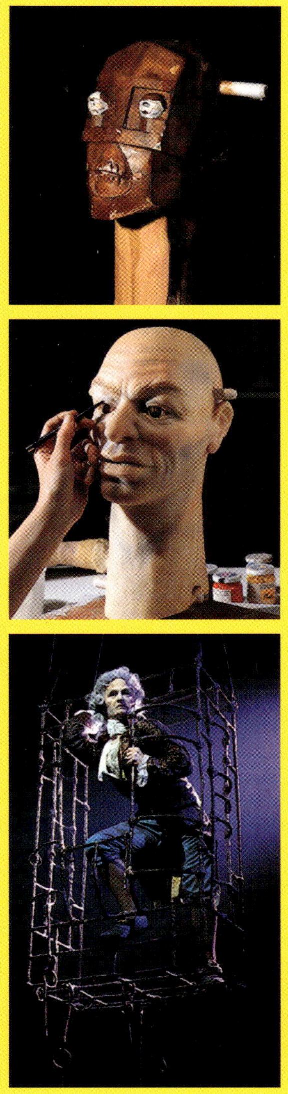

1

2

3

Ihr Auftritt!
Der Schauspieler wendet sich ans Publikum und unterstreicht seine Worte mit Gesten. Er scheint lebendig, ist jedoch ein Roboter!

Perfekte Illusion
An diesem mechanischen Schauspieler, der von einem Computer gesteuert wird, arbeitete ein ganzes Team: ein Informatiker*, viele Mechaniker, ein Bildhauer sowie eine Masken- und eine Kostümbildnerin … Ein Schauspieler lieh dem Roboter seine Stimme und dieser schien Fragen der Zuschauer zu beantworten.

Das Gesicht des Roboters wurde erst grob modelliert (1) und bemalt (2). Schließlich tritt er voll kostümiert auf (3).

Diesen Roboter von der Firma „Abracadabra“ steuert ein Computer. Er kann direkt auf die Anweisungen eines Animateurs reagieren.

▲ Sportlicher Roboter, der mit einem Tennisschläger umgehen kann (USA).

*„Wunderlich ist es doch,
daß viele von uns über
Olimpia ziemlich gleich
urteilen. Sie ist uns …
auf seltsame Weise starr
und seelenlos erschienen.
Ihr Wuchs ist regelmäßig
sowie ihr Gesicht, das ist
wahr! – Sie könnte für
schön gelten, wenn ihr
Blick nicht so ganz ohne
Lebensstrahl, ich möchte
sagen, ohne Sehkraft wäre.
Ihr Schritt ist sonderbar
abgemessen, jede Bewegung
scheint durch den Gang
eines aufgezogenen
Räderwerks bedingt.
Ihr Spiel, ihr Singen hat
den unangenehm richtigen
geistlosen Takt der
singenden Maschine,
und ebenso ist ihr Tanz.
Uns ist diese Olimpia ganz
unheimlich geworden, wir
mochten nichts mit ihr zu
schaffen haben, es war uns,
als tue sie nur so wie ein
lebendiges Wesen …“*

E. T. A. Hoffmann
„Der Sandmann“, 1817

Arm eines Industrieroboters

Wichtige Museen

in Deutschland

Berlin
Museum für Verkehr und Technik

Blaubeuren
Historische Hammerschmiede

Bruchsal
Museum mechanischer Musikinstrumente

Dresden
Mathematisch-Physikalischer Salon
Technisches Museum

Furtwangen
Uhrenmuseum

Hagen
Westfälisches Freilichtmuseum

Koblenz
Landesmuseum, Staatliche Sammlung technischer Kulturdenkmäler

Mannheim
Landesmuseum für Technik und Arbeit

Mechernich-Kommern
Rheinisches Freilichtmuseum

München
Deutsches Museum

Nürnberg
Spielzeugmuseum

Schwerin
Technisches Landesmuseum

in Österreich

Baldramsdorf
Kärntner Handwerks-museum

Lasberg
Freilichtmuseum

Niedersulz
Weinviertler Museums-dorf

Oberlienz
Freilichtmuseum

Podersdorf
Windmühle

Retz
Windmühle

Wien
Technisches Museum
Uhrenmuseum

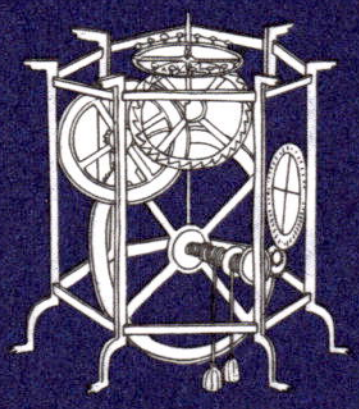

in der Schweiz

Ballenberg
Schweizerisches Freilichtmuseum

Genf
Musée de l'Horlogerie

La-Chaux-de-Fonds
Musée international d'Horlogerie

Le Locle
Musee d'Horlogerie

Winterthur
Technorama

Zürich
Mühlerama
Museum der Zeit-messung

Lexikon der Ingenieure und Erfinder

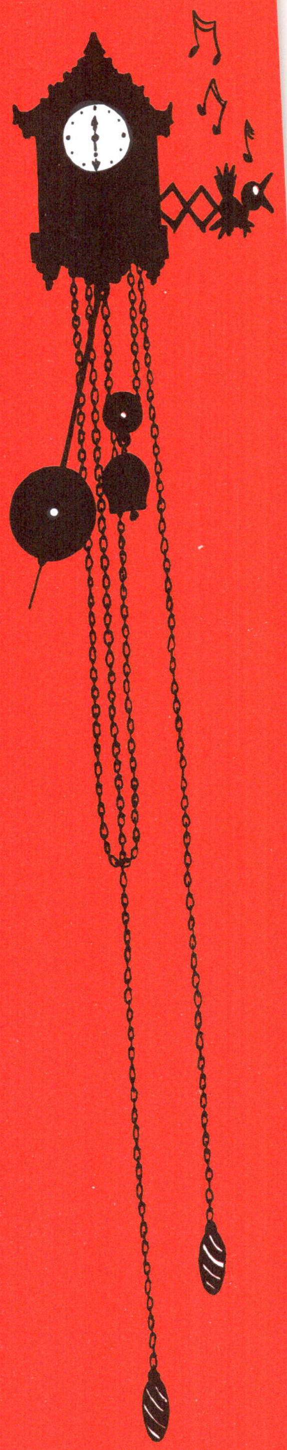

Archimedes
Griechischer Naturforscher (287–212 v. Chr.). Von Archimedes sind zahlreiche Legenden überliefert. Er soll zum Beispiel das nach ihm benannte archimedische Prinzip entdeckt haben, wonach ein Körper in Wasser einen Auftrieb erfährt, der dem Gewicht der verdrängten Flüssigkeitsmenge entspricht. Auch die archimedische Schraube, mit der man Wasser befördern kann, ist nach ihm benannt. Wahrscheinlich hat Archimedes die meisten einfachen Maschinen wie die schiefe Ebene, den Hebel oder den Keil nur beschrieben, aber nicht erfunden.

Charles Babbage
Englischer Mathematiker (1792–1871). Um 1820 begann Babbage mit dem Bau der „Differenzmaschine", die zur Berechnung logarithmischer und trigonometrischer Tabellen dienen sollte. Er hat sie aber nie fertig gestellt. Babbage entwarf dann noch eine „analytische Maschine", die sich mithilfe von Lochkarten programmieren ließ.

Peter Henlein
Der Nürnberger Schlosser Peter Henlein (1480–1542) gilt als Erfinder der „Sackuhr". Er verkleinerte die bereits bekannte Spiralfeder und nutzte sie als Antrieb für eine Taschenuhr. Bald wurden die „Nürnberger Eier" in der Welt berühmt.

Heron von Alexandrien
Griechischer Techniker, (1. Jh. n. Chr.), der in der ägyptischen Stadt Alexandria lebte. Er befasste sich vor allem mit Maschinen. Als Antrieb verwendete er oft die Energie des fließenden Wassers. Berühmt ist der Heronsball, ein früher Vorläufer der Dampfmaschine. Die meisten Konstruktionen des Heron sind uns durch die Araber überliefert. Die griechischen Originale gingen nämlich verloren.

Hermann Hollerith
Amerikanischer Ingenieur (1860–1929). Der deutschstämmige Hollerith entwickelte ein Verfahren, mit dem man Lochkarten automatisch sortieren konnte. Die nach ihm benannten Hollerithkarten wurden erstmals bei der amerikanischen Volkszählung im Jahr 1890 eingesetzt und beschleunigten die Auswertung um Jahre. 1896 gründete Hollerith die Firma „Tabulating Machine" in New York. Später wurde die Firma in „International Business Machines" umbenannt und ist unter dem Markenzeichen IBM heute jedem ein Begriff.

Christiaan Huygens
Niederländischer Erfinder und Naturwissenschaftler (1629–1695). Huygens leistete auf vielen Wissensgebieten grundlegende Beiträge. Besonders berühmt ist er für seine Arbeiten zur Optik. Er entwickelte eine große Kunstfertigkeit im Schleifen von Linsen und stellte die Wellentheorie des Lichts auf. Viel Zeit widmete er auch den von Galileo Galilei schon näher untersuchten Pendelschwingungen. Huygens kam als Erster auf die Idee, die Schwingung eines Pendels für die Zeitmessung zu verwenden.

Joseph-Marie Jacquard
Französischer Seidenweber (1752–1834), der den automatischen Webstuhl zur Herstellung gemusterter Gewebe erfand. Die Muster wurden von Lochkarten gesteuert. Jacquards Webstuhl stieß auf erbitterten Widerstand der Weber, weil diese um ihre Arbeitsplätze fürchteten.

Pierre Jacquet-Droz
Schweizer Uhrenbauer und Mechaniker (1721–1790). Jacquet-Droz studierte zunächst Theologie in Basel und lernte dann sein Handwerk in Mulhouse. Er galt bald als Meister im Anfertigen von Pendeluhren und erhielt den Ehrentitel eines Vaters der Zeitmessung. Er begründete den Ruf des Neuenburger Jura als führende Region der Schweizer Uhrenmacher. Mit seinem Sohn baute Jacquet-Droz auch Automaten, darunter die bekannte Cembalospielerin.

Ktesibios
Griechischer Techniker aus der ägyptischen Stadt Alexandria. Ktesibios war wahrscheinlich um 250 v. Chr. tätig. Er machte zahlreiche Erfindungen, vor allem eine Wasseruhr (Klepsydra), die erstaunlich genau ging.

Gottfried Wilhelm Leibniz
Deutscher Philosoph und Mathematiker (1646–1716). Leibniz war eine der herausragendsten Gestalten seiner Zeit. Er entwickelte unabhängig von Isaac Newton fast zur gleichen Zeit die Differenzial- und Integralrechnung und gehörte zu den Wegbereitern beim Bau von Rechenmaschinen. Ein erstes Modell konnte multiplizieren und dividieren, war technisch aber noch mangelhaft.

Leonardo da Vinci
Genialer italienischer Künstler und Erfinder (1452–1519). Leonardo da Vinci, der Maler der „Mona Lisa", war auch als Bildhauer, Architekt und Ingenieur tätig. Schon 1499 baute er einen Automaten, einen „zahmen Löwen", der den französischen König Ludwig XII. beim Einzug in Mailand begrüßte. Seit 1516 stand Leonardo im Dienst von König Franz I.

Ada Lovelace
Englische Mathematikerin (1815–1852). Die Tochter des Dichters Lord Byron half Babbage bei der Entwicklung seiner „analytischen Maschine“. Ada Lovelace schrieb die Programme und kannte die Maschine beinahe besser als Babbage. Sie kannte sogar den Sprungbefehl, mit dem die ersten Computer noch nicht arbeiteten.

Blaise Pascal
Französischer Mathematiker und Physiker (1623–1662). Pascal gelangen bedeutende Beiträge auf verschiedenen Gebieten der Mathematik. Als einer der Ersten baute er eine Rechenmaschine für die vier Grundrechenarten. Berühmt wurde Pascal auch für seine religionsphilosophischen Schriften.

Jacques Vaucanson
Französischer Mechaniker (1709–1782). Vaucanson baute im Alter von 24 Jahren einen Automaten: einen Flötenspieler, der richtige Melodien spielte und die Lippen und Finger dabei bewegte. Vaucansons mechanische Ente, die vorgab ihr Futter zu verdauen, wurde weltberühmt.

Vaucansons Ente

James Watt
Britischer Ingenieur und Erfinder (1736–1819). Watt erfand zwar nicht die Dampfmaschine, entwickelte sie aber so weit, dass sie sich durchsetzte. Sein Modell hatte großen Anteil an der industriellen Revolution.

Konrad Zuse
Deutscher Ingenieur (1910–1996). Zuse baute in den 30er-Jahren die erste programmgesteuerte Rechenmaschine auf mechanischer Basis (Z1). Sie arbeitete bereits mit dem binären Zahlensystem. Die Maschine Z3 (1941) verwendete schon elektrische Relais. Zuse gilt als einer der Väter des modernen Computers.

Lexikon der Fachbegriffe

Androiden
Künstliche Menschen, also Automaten, die schreiben, musizieren oder kämpfen.

Ankerhemmung
Die beiden wichtigsten Teile der Ankerhemmung einer Uhr sind das Ankerrad und die Gabel mit den beiden Greifern. Die Unruh schwingt hin und her und gibt Zahn um Zahn des Ankerrades frei.

Arbeit
Der Physiker spricht nur dann von Arbeit, wenn ein Körper in Richtung einer auf ihn wirkenden Kraft verschoben wird. Den Betrag der Arbeit berechnet man nach der Formel:
Arbeit = Kraft x Weg.
Arbeit ist Energie.

Automat
Automat heißt eigentlich „sich selbst bewegend". Es handelt sich um ein System, das nach Betätigung eines Schalters selbstständig etwas leistet. Dabei läuft ein Programm ab. Jeder kennt die Fahrkartenautomaten. Viel kompliziertere Aufgaben verrichten heute die Roboter.

Blasebalg
Ein Gerät, mit dem man einen Luftstrom erzeugt. Es besteht aus zwei Holzplatten, die durch einen Lederbalg miteinander verbunden sind. Blasebälge gab es früher vor allem in der Schmiede. Auch Orgeln wurden mit Blasebälgen betrieben.

Dampfmaschine
Dampfmaschinen verwandeln die chemische Energie eines Brennstoffs in Bewegungsenergie. Beim Verbrennen wird Wasser erhitzt, bis Dampf entsteht. Dieser treibt den Kolben der Dampfmaschine an. An die Stelle der Dampfmaschine ist heute die Dampfturbine getreten.

Elektromotor
Der Elektromotor verwandelt elektrische Energie in Bewegungsenergie und benutzt dazu ein physikalisches Prinzip: Wenn Strom durch einen elektrischen Leiter fließt, entsteht ein Magnetfeld. Durch die Kombination eines solchen Leiters mit einem Magneten kann man einen Elektromotor bauen.

Fabrik
Das italienische Wort „fabbrica" bedeutet eigentlich Werkstätte. Eine Fabrik ist aber weniger eine Werkstatt als vielmehr ein Industriebetrieb. Man fertigt dort Waren in großer Stückzahl und setzt dazu viele Arbeitskräfte und Maschinen ein. Die ersten Fabriken entstanden im 17. Jahrhundert. Man sprach damals von Manufakturen.

Federantrieb
Jede Uhr braucht einen Antrieb. Beim Federantrieb muss man eine meist spiralig aufgewickelte Feder immer wieder aufziehen. Die Feder speichert Energie und gibt diese an das Schwingsystem der Uhr ab. Erst die Feder er-

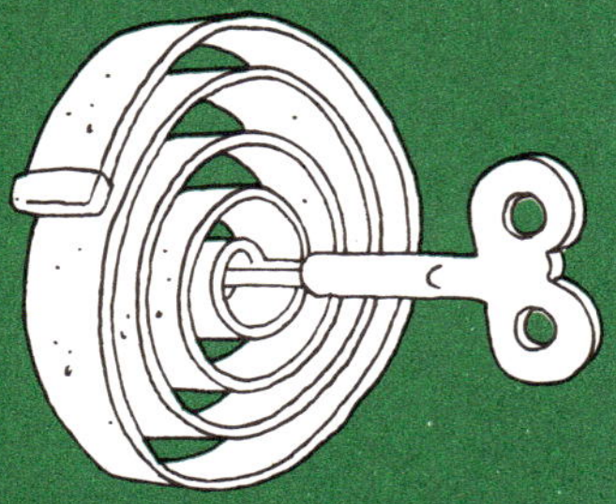

laubte den Bau kleiner Taschenuhren. Heute ist der Federantrieb meist durch den Batterieantrieb ersetzt.

Flaschenzug
Flaschenzüge bestehen aus mindestens einer festen und einer losen Rolle. Dadurch muss man nur die halbe Kraft aufwenden um eine Last zu heben, braucht aber doppelt so viel Seil. Flaschenzüge mit mehreren Rollen verringern die aufzuwendende Kraft zwar erheblich, erfordern dafür aber mehr Seillänge.

Generator
Generatoren wandeln Bewegungsenergie in elektrische Energie um. Sie sind ähnlich konstruiert wie Elektromotoren und erzeugen Strom. Im Generator drehen sich Drahtspulen in einem Magnetfeld. Dadurch fließt Strom durch die Spulen. Generatoren werden von Turbinen, diese wiederum von Wasser oder Heißdampf angetrieben.

Getriebe
Getriebe übertragen Bewegungen. Das einfachste Getriebe besteht aus zwei Zahnrädern. Das antreibende und das angetriebene Zahnrad bewegen sich entgegengesetzt. Ist das angetriebene Rad kleiner als das antreibende, so bewegt es sich schneller. Wir sprechen von einer Übersetzung. Sie erlaubt beim Fahrrad schnelles Fahren in der Ebene. Beim Kurvenfahren mit dem Auto legen die Außenräder einen weiteren Weg zurück als die Innenräder. Das Differenzialgetriebe gleicht die unterschiedliche Drehzahl aus.

Gewicht
Alle Körper, die von der Schwerkraft angezogen werden, haben ein Gewicht. Es ist eine Kraft. Im Weltall herrscht keine Schwerkraft. Körper haben dort zwar eine Masse, aber kein Gewicht.

Gewichtsantrieb
Jede Uhr braucht einen Antrieb. Zu Beginn der Uhrenentwicklung zog man ein Gewicht gegen die Schwerkraft nach oben. Dadurch wurde Energie gespeichert. Das Gewicht hing an einem Seil oder an einer Kette und trieb beim langsamen Absinken das Uhrwerk an.

Göpel
Eine Drehvorrichtung, mit der man früher Pumpen oder Dreschmaschinen antrieb. Der Göpel wurde dabei vor allem von Ochsen oder Eseln, selten auch von Menschen bewegt. Die Tiere mussten dazu an einem Joch endlos im Kreis herumgehen.

Hemmung
Die Hemmung überträgt die Energie auf das Schwingsystem der Uhr. Sie sorgt gleichzeitig dafür, dass dies nur schrittweise geschieht. Zusammen mit dem Schwingsystem wird somit eine Zeitmessung möglich.

Hydraulik
Die Hydraulik überträgt Kräfte mithilfe von Flüssigkeiten. Eine Hydraulik gibt es zum Beispiel im Bremssystem von Autos. Der Fahrer betätigt beim Bremsen einen Kolben. Durch eine luftdichte Leitung ist dieser Kolben mit einem zweiten Kolben an den Bremsscheiben verbunden. Die Kolben sind so beschaffen, dass man mit geringer Kraft einen Druck auf die Bremsen erzeugen kann. Hydraulische Antriebe gibt es bei Baggern, Gabelstaplern und Pressen.

Informatik
Die Informatik beschäftigt sich mit der Speicherung, Verarbeitung und Übertragung von Informationen. Heute erfolgt dies mithilfe von Computern. Informatik ist daher eigentlich die Wissenschaft vom Computer.

Kraft
Kräfte erkennt man nur an ihren Wirkungen. Sie beschleunigen einen Körper oder verformen ihn. Dabei leisten sie Arbeit. Legt man dieses Buch auf einen Tisch, so übt es mit seinem Gewicht eine Kraft auf diesen aus. Der Tisch wirkt mit der entgegengesetzten Kraft dagegen. Nichts bewegt sich, es wird keine Arbeit geleistet. Beide Kräfte halten sich das Gleichgewicht.

Kurbel
Mechanisches Element:
1. Ein Hebel am Ende einer Welle, mit der man diese drehen kann. Jedes Fahrrad hat zwei Tretkurbeln.
2. Ein Gelenkgetriebe. Es verwandelt die Drehbewegung der Welle in eine Hin- und Herbewegung. Die Kurbelwelle im Auto verwandelt die Hin- und Herbewegung der Kolben in den Zylindern in die Drehbewegung der Räder.

Göpel zum Antrieb eines Wasserhebewerks

Maschine

Maschinen verwandeln eine Energieform in eine andere, sie erzeu-

gen oder lenken Kräfte um oder leisten Arbeit. Diese Definition gilt zunächst nur für die einfachen Maschinen. Physiker und Techniker unterscheiden sechs einfache Maschinen, nämlich Hebel, Rolle, Winde, schiefe Ebene, Keil und Schraube. Mit ihnen kann man fast alle denkbaren Maschinen konstruieren. Im normalen Sprachgebrauch verstehen wir unter einer Maschine meistens ein Gerät, das komplizierte Arbeiten verrichten oder etwas herstellen kann.

Nocke

Ein eiförmiger Vorsprung auf einer Welle. Die Nocke verwandelt die Drehbewegung in eine Hin- und Herbewegung, wenn ihr ein Maschinenteil, ein Stössel, anliegt. Ältere Autos besitzen Nockenwellen. Die Stössel an den Nocken steuern die Ventile und regeln die Kraftstoffzufuhr.

Oberschlächtig

Oberschlächtig heißt ein Wasserrad, wenn das Wasser von oben her auf das Rad gelangt. Es wird nicht nur von der Wucht, sondern auch vom Gewicht des Wassers angetrieben. Oberschlächtige Räder haben einen besseren Wirkungsgrad als unterschlächtige.

Platine

Die Platine trägt aufgedruckte Schaltungen. Sie besteht meist aus einer glasfaserverstärkten Kunststoffplatte. Die elektrischen Leiterbahnen sind aus Kupfer. In der Elektronik hat man Platinen so weit verkleinert, dass umfangreiche Schaltungen auf einem Quadratmillimeter Platz haben. Man spricht dann von Mikrochips.

Rechenmaschine

Eine der einfachsten Rechenmaschinen ist der Abakus (Rechengitter), dessen Kugeln an Stäben hin- und hergeschoben werden. Man kann damit nur addieren oder subtrahieren. Den Abakus verwendet man noch in Russland und Ostasien. Mechanische und elektrische Rechenmaschinen wurden durch elektronische Geräte ersetzt. Komplizierte Taschenrechner weisen bereits viele Eigenschaften von Computern auf.

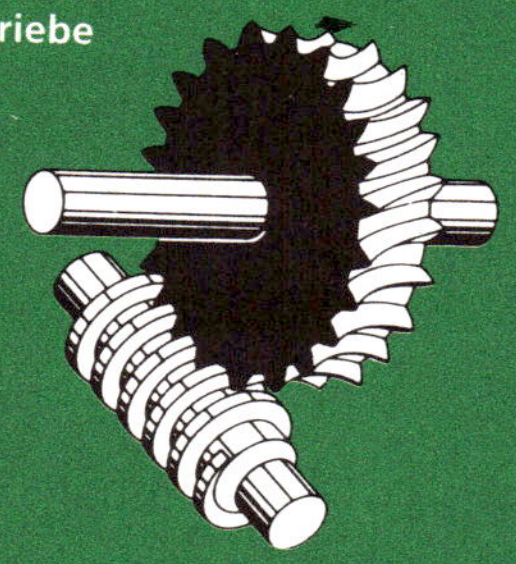

Schneckengetriebe

Schneckengetriebe

Ein Schneckengetriebe besteht aus einem Zahnrad und einer Schnecke. Auf dieser sitzt ein erhabenes Gewinde. Wenn sich die Welle dreht, wird auch das Zahnrad in Drehung versetzt, allerdings nur sehr langsam. Das Getriebe hat also eine Untersetzung.

Sensor

Sensoren erlauben es Automaten und Robotern, Werkstücke und Teile zu erkennen. Das geschieht optisch durch Lichtstrahlen, akustisch durch Schall oder elektrisch durch Abtasten.

Sonnenuhr
Die Sonnenuhr misst die Zeit nach dem Stand der Sonne. Das einfachste Modell besteht aus einem Schattenstab und einem Halbkreis darunter, der in die Stunden unterteilt ist. Der Schatten des Stabes zeigt die Uhrzeit an. Man verwendet dabei die Richtung der Sonne zur Bestimmung. Mit der Höhe der Sonne über dem Horizont kann man auch den Tag im Kalender festlegen. Früher gab es sogar Taschensonnenuhren.

Spindelhemmung
Die beiden wichtigsten Teile der Spindelhemmung sind das Hemmungsrad und die Spindel, die an einem Faden aufgehängt ist. Die Spindel verdrillt den Aufhängefaden und greift wechselseitig in die Zähne des Hemmungsrades. Die Spindelhemmung wurde ungefähr um 1300 eingeführt.

Turbine
Turbinen verwandeln die Fließbewegung von Flüssigkeiten oder Gasen in eine Drehbewegung. Dafür haben sie unterschiedlich geformte Schaufeln, auf die das Wasser oder das Gas auftrifft. Diese geben ihre Energie an die Turbine ab und versetzen sie in schnelle Drehung. Die einfachsten Turbinen sind die Wasser- und Windräder. Wasserkraftwerke besitzen Kaplan- oder Peltonturbinen. Heiz- und

Peltonturbine

Kernkraftwerke erzeugen den Strom mit Dampfturbinen. Gasturbinen werden von heißen Abgasen angetrieben. Wir finden sie in Schiffsmotoren und in Strahltriebwerken von Flugzeugen sowie als Turbos in Autos. Dort verdichten sie die Luft, die zur Verbrennung in den Motor gelangt um dessen Leistung zu erhöhen.

Übersetzung
Die Übersetzung gibt an, wie schnell sich zwei Räder in einem System drehen. Das Übersetzungsverhältnis wird dabei in Zahlen ausgedrückt, zum Beispiel 1:3. Das bedeutet, dass sich das antreibende Rad nur einmal dreht, während das angetriebene Rad drei Umdrehungen macht. Man nennt das eine Übersetzung ins Schnelle.

Unruh
Die Unruh ist ein wichtiger Teil aller mechanischen Taschenuhren. Im einfachsten Fall besteht sie aus einem Rad, das von einer Spiralfeder bewegt wird. Die Unruh schwingt hin und her und gibt mit einem Anker Zahn um Zahn des Ankerrades der Hemmung frei. Die Unruh hat die Aufgabe des Pendels und ist der Teil, der für die Zeitmessung zuständig ist.

Unterschlächtig
Als unterschlächtig bezeichnet man ein Wasserad, wenn das antreibende Wasser nur auf die unteren Schaufeln gelangt. Solche Wasserräder stehen zum Beispiel in einem fließenden Bach und treiben ein Mühlrad an.

Untersetzung

Wenn sich in einem einfachen Zahnradgetriebe das angetriebene Rad langsamer dreht als das antreibende, so sprechen wir von einer Untersetzung. Untersetzungen braucht man nur für den Transport schwerer Lasten an steilen Strecken, zum Beispiel bei Zahnradbahnen. Eine extrem starke Untersetzung hat das Schneckengetriebe.

Wasseruhr

Die Wasseruhr nutzt das gleichförmige Fließen des Wassers für die Zeitmessung. Die besten antiken Wasseruhren, wie sie etwa Ktesibios baute, hatten eine Schwimmerregelung mit einem Schwimmerventil, ähnlich wie unsere heutigen Schwimmkästen im WC. Nach dem Aufkommen der Räderuhren verschwanden die Wasseruhren.

Welle

Ein sich drehendes Maschinenelement, das Kräfte oder Drehmomente überträgt. Die Achse hingegen überträgt keine Kräfte, sondern dreht sich nur mit. Ein gewöhnliches Auto hat eine Welle, die dem Antrieb dient, sowie eine oder zwei weitere Achsen, an denen die nicht angetriebenen Räder befestigt sind. Um die Reibung zu verringern laufen sie auf Kugellagern.

Winde

Eine Vorrichtung zum Heben von Lasten. Im einfachsten Fall besteht die Winde aus einem Seil, das um eine Trommel aufgewickelt wird. Eine solche Seilwinde heißt auch Haspel.

Seilwinde

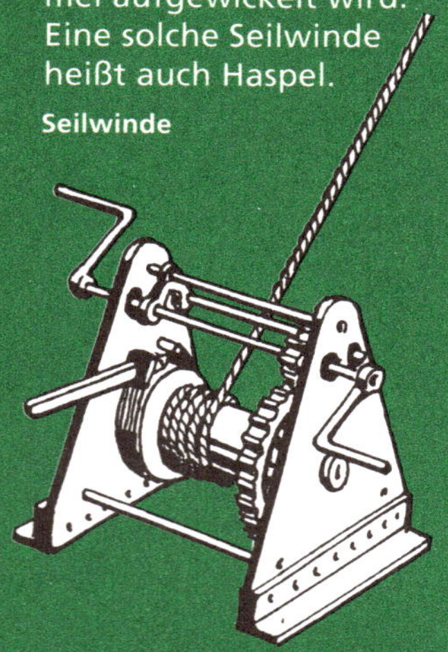

Wirkungsgrad

Der Wirkungsgrad gibt an, wie gut eine Maschine die aufgewendete Energie nutzt. Meistens gibt man den Wirkungsgrad in Prozent an. Elektromotoren erreichen einen Wirkungsgrad von 95 Prozent. 5 Prozent der aufgewendeten Energie gehen dabei meistens als Reibungswärme verloren. Verbrennungsmotoren kommen nur auf einen Wirkungsgrad von rund 40 Prozent. Sie haben einen hohen Wärmeverlust.

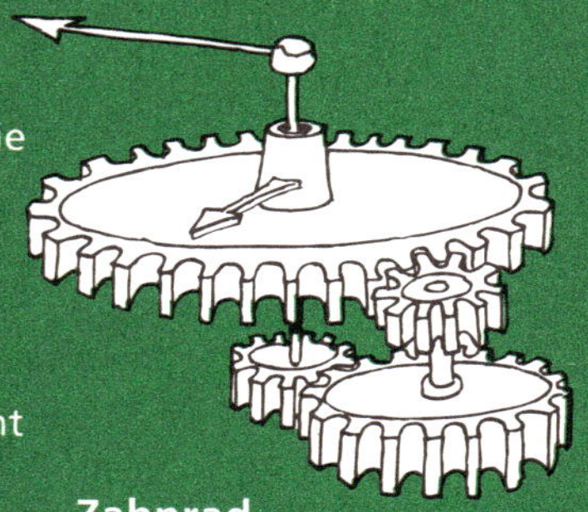

Zahnrad

Ein Maschinenelement, das zusammen mit weiteren Zahnrädern Kräfte übertragen und Drehrichtungen verändern kann. Wenn zwei Zahnräder die gleiche Zahl von Zähnen aufweisen, drehen sich die beiden gleich schnell. Andernfalls kommte es zu einer Über- oder Untersetzung. Es gibt zahlreiche verschiedene Zahnradformen: Gradstirnzahnräder, Kegelräder, gerade und schräg verzahnte Zahnräder, Schneckenräder.

Kegelradgetriebe an einem Butterfass

Register

Zeittafel

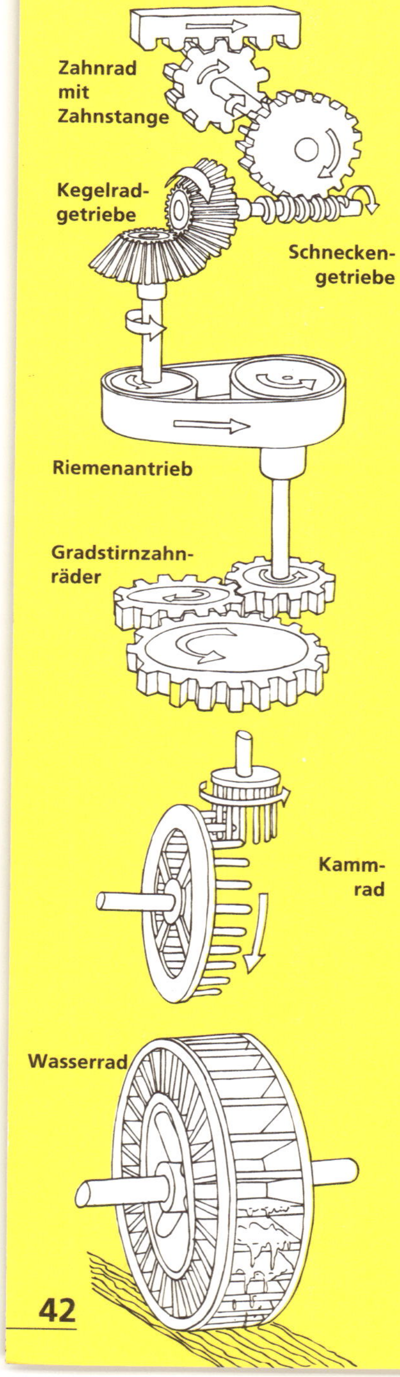

Vorzeit und Altertum bis 500 n. Chr.	Mittelalter bis 1500	Renaissance bis ca. 1600

Die Geschichte der Mechanik und Maschinen

Vorzeit und Altertum

Vor **2,4 Millionen Jahren** stellen Vorfahren des Menschen in Afrika erste Steinwerkzeuge her.
Um **25000 v. Chr.** werden Pfeil und Bogen in Spanien und Nordafrika erfunden.
3500 v. Chr. haben die Sumerer Fahrzeuge mit Rädern.
Um **2500 v. Chr.** erste ägyptische Darstellung des Schaduf, mit dem Wasser gehoben wird.
Um **1450 v. Chr.** bauen die Ägypter Wasseruhren.
287 v. Chr. Geburt des Archimedes
Um **200 v. Chr.** Entwicklung des Zahnradgetriebes, das die Bewässerung mithilfe von Ochsen ermöglicht.
Um **80 v. Chr.** Erfindung des Differenzialgetriebes in Griechenland
Um **65 v. Chr.** erster Bericht über ein Schöpfeimerwerk
5 v. Chr. erster Nachweis für Wassermühlen in Rom
5 n. Chr. Erfindung der Schubkarre in China
Um **100** breitet sich das Wasserrad mit waagrechter Welle in Europa aus.

Mittelalter

Um **725** entwickeln die Chinesen eine Wasseruhr mit einer Hemmung.
Um **835** wird das Kurbelgetriebe erfunden, das eine Drehbewegung in eine Hin- und Herbewegung verwandelt.
Um **855** erfindet ein Mönch in Verona eine Gewichtsräderuhr.
1086 zählt das Domesday-Book für das Gebiet von England 5 624 Wassermühlen auf.
Um **1105** erste Erwähnung einer französischen Windmühle.
Um **1200** Einführung des Trittwebstuhles
1310 erste mechanische Uhren in Europa
Um **1335** Erfindung der Unruh in der Uhr
1354 erhält die Uhr des Straßburger Münsters einen Hahn, der zu jeder vollen Stunde mit den Flügeln schlägt und dreimal kräht.
Um **1435** erste Darstellung eines Treibriemens in Europa
1494 zeichnet Leonardo da Vinci ein Uhrwerk mit Pendel.

Renaissance

1500 skizziert der italienische Erfinder Leonardo da Vinci eine Windmühle, bei der sich nur noch das Dach dreht. Ausgeführt wird diese Mühle jedoch erst rund 200 Jahre später in Holland.
1505 erfindet Peter Henlein in Nürnberg die Taschenuhr mit Federantrieb.
1530 rüstet Johann Jürgens aus der Nähe von Braunschweig das Flügelspinnrad auf Pedalantrieb um.
1550 werden in Frankreich und Italien die ersten Schrauben mit Muttern verwendet.
1568 baut der Franzose Jacques Besson die erste Gewindeschneidemaschine.
1586 wird in Rom ein 500 Tonnen schwerer Obelisk nur mithilfe von Muskelkraft aufgerichtet. Daran sind 100 Pferde und über 900 Arbeiter beteiligt.
1596 wird in Holland ein wassergetriebenes Gattersägewerk in Betrieb genommen.

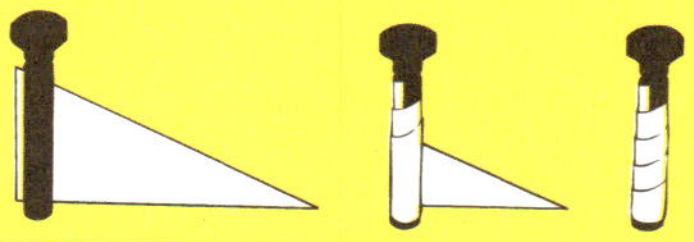

Was sonst noch geschah

Vorzeit und Altertum

25 000–15 000 v. Chr. Zeit der berühmten Höhlenmalereien in Frankreich und Spanien
3000 v. Chr. erste Stadtstaaten der Sumerer
Um **1350 v. Chr.** regiert der Pharao Echnaton. Gleichzeitig hat die kretisch-mykenische Kultur ihre Blütezeit.
753 v. Chr. Gründung Roms
336–323 v. Chr. Regierungszeit Alexanders des Großen
44 v. Chr. Ermordung Caesars
Um **64 n. Chr.** wird der Apostel Paulus in Rom enthauptet.
391 Das Christentum ist Staatsreligion im Römischen Reich.

Mittelalter

800–814 Regierungszeit Kaiser Karls des Großen
955 besiegt Otto der Große die Ungarn auf dem Lechfeld.
1077 Kaiser Heinrich IV. pilgert nach Canossa um den Papst zu bitten ihn vom Kirchenbann zu lösen.
1096–1270 Zeit der Kreuzzüge
1291 Gründung der Schweizer Eidgenossenschaft
1450 Johannes Gutenberg erfindet in Mainz den Buchdruck mit beweglichen Lettern.
1497–1499 Vasco da Gama segelt um die Südspitze Afrikas bis nach Indien.

Renaissance

Um **1503** malt Leonardo da Vinci seine „Mona Lisa".
1517 Martin Luther veröffentlicht seine 95 Thesen zum Ablass und löst dadurch die Reformation aus.
1519–1522 erste Weltumsegelung durch Ferdinand Magellan
1529 belagern die Türken Wien.
Um **1540** Gründung und Bestätigung des Jesuitenordens
1587 lässt die englische Königin Elisabeth I. ihre schottische, katholische Gegenspielerin, Maria Stuart, hinrichten.
1588 vernichten die Engländer die spanische Flotte, die Armada.

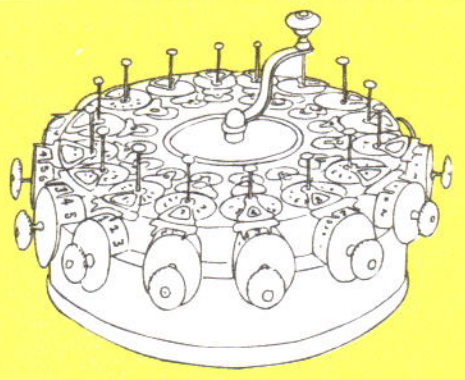

17. Jahrhundert

1609 erste Gezeitenmühle in England
1615–1620 erster Rechenschieber von John Napier; kurz darauf ein Rechenschieber mit logarithmischer Teilung
1623 entwickelt W. Schickard eine Rechenmaschine für alle vier Grundrechenarten mit automatischem Zehnerübertrag.
1641 entwickelt Blaise Pascal seine Rechenmaschine.
1656 baut der Holländer Christiaan Huygens eine Pendeluhr.
1674 folgt von Huygens die erste Uhr mit Spiralfederunruh.
1680 erhalten die Uhren einen Minutenzeiger.
1690 Denis Papin verwendet erstmals den Druck von Wasserdampf für die Bewegung eines Kolbens. Acht Jahre später baut er eine echte Dampfmaschine,
1694 vollendet Leibniz seine Rechenmaschine, die er schon 20 Jahr zuvor in London vorgeführt hatte.

1618–1648 Dreißigjähriger Krieg
1661–1715 Regierungszeit Ludwigs XIV. von Frankreich
1682–1725 Regierungszeit Peters des Großen, der Russland reformiert
1683 stehen die Türken vor Wien und werden besiegt.

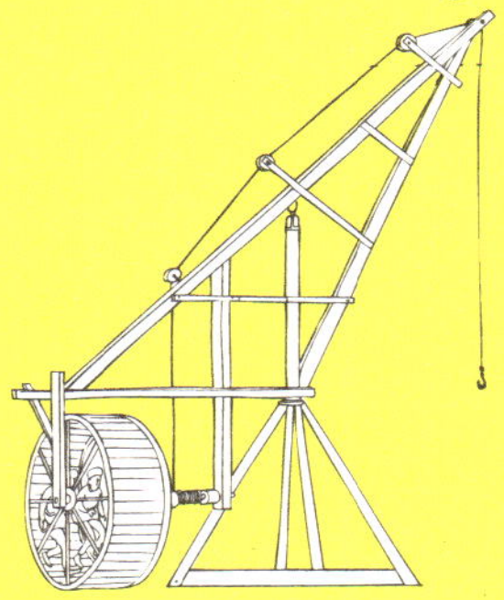

18. Jahrhundert

1712 Thomas Newcomen stellt die erste richtig funktionierende Dampfmaschine mit Kolben und Zylinder her.
1748 Bau eines Wagens mit Kurbelantrieb in Paris
1745 Jacques Vaucanson erfindet den automatischen Webstuhl für die Seidenweberei.
1755 C. Weißenthal konstruiert eine Nähmaschine.
1759 John Harrison vollendet ein Schiffschronometer, das auf eine Zehntelsekunde pro Tag genau geht und zur geographischen Längenbestimmung verwendet wird.
1760–1773 bauten F. Jaquet-Droz und sein Sohn mehrere Automaten oder Androiden.
1764 James Hargreaves führt die Feinspinnmaschine („Spinning Jenny") ein.
1765 James Watt baut seine erste Dampfmaschine.
1770 Jacques Vaucanson entwickelt den ersten Kettenantrieb des Abendlandes – die Chinesen kennen ihn damals schon seit 800 Jahren.
1778 erfindet John Wilkinson die Drehbank.
1789 entwickelt James Watt den Regler der Dampfmaschine

1701 wird Preußen Königreich
1713–1740 Regierungszeit Friedrich Wilhelms I., des Soldatenkönigs
1740–1780 regiert die österreichische Kaiserin Maria Theresia.
1740–1786 Friedrich II., der Große, regiert in Preußen.
1776 Unabhängigkeitserklärung Nordamerikas
1789 Beginn der Französischen Revolution
1799 wird Napoleon Alleinherrscher in Frankreich. Fünf Jahre danach krönt er sich selbst zum Kaiser.

19. Jahrhundert

1805 erfindet Joseph-Marie Jacquard den nach ihm benannten Webstuhl. Er erzeugt Webmuster durch Lochkartensteuerung.
1814 erste Dampflokomotive von George Stephenson
1817 Karl Friedrich von Drais erfindet die Draisine, die Vorläuferin des Fahrrads.
1822 entwickelt Charles Babbage seine erste Rechenmaschine und widmet sich bald darauf dem Bau einer zweiten, noch komplizierteren Maschine.
1829 Erfindung eines Vorläufers der Schreibmaschine
1829 erste elektromagnetisch angetriebene Uhr
Um **1840** schreibt Ada Lovelace das erste Programm für die Maschine von Babbage.
1862 Entwicklung des ersten Maschinengewehrs
1869 erster Kettenantrieb für Fahrräder
1885 erste Warenautomaten in London
1886 H. Hollerith entwickelt eine Maschine zur Auswertung statistischer Daten mithilfe von Lochkarten.
1888 William S. Burroughs erhält ein Patent auf eine Additionsmaschine.

1814–1815 Auf dem Wiener Kongress wird eine Neuordnung Europas geschaffen.
1848 kommt es in Deutschland zur Revolution.
1864 Henri Dunant gründet in Genf das Rote Kreuz.
1871 Wilhelm I. wird deutscher Kaiser, Bismarck deutscher Reichskanzler.
1886 baut Carl Benz das erste, noch dreirädrige Automobil.
1893 entwickelt Rudolf Diesel den nach ihm benannten Dieselmotor.
1896 finden in Athen die ersten Olympischen Spiele der Neuzeit statt.

20. Jahrhundert

1920 prägt der tschechische Schriftsteller Karel Čapek in seinem Drama R.U.R. den Begriff „Roboter".
1938 erster programmgesteuerter, aber noch mechanischer Rechner „Z 1" von Konrad Zuse. „Z 2" arbeitet mit elektromagnetischen Relais, wird aber im Krieg zerstört.
1938 sich bewegender und sprechender Roboter „Sabor IV" in Frankreich
1940 auf der New Yorker Weltausstellung tritt der gehende und sprechende Roboter „Elektro" mit dem bellenden Hund „Sparko" auf.
1950 erster speicherprogrammierter Röhrenrechner „Univac I"
1951 Rad fahrender Roboter „Dynamo Joe" in Bristol
1961 erster einfacher Industrieroboter „Unimat"
1965 erster Taschenrechner als Minicomputer
1971 erster Industrieroboter in Deutschland
1980 erster sehender Roboter bei der Firma General Motors
1984 sind in Deutschland rund 4800 Industrieroboter in Betrieb.
1986 1-Mega-Bite-Chip in Großrechnern von IBM

1903 wagen die Gebrüder Wright den ersten Motorflug.
1914-1918 herrscht in Europa der Erste Weltkrieg.
1917 Russische Revolution
1927 überfliegt Charles Lindbergh den Atlantik.
1933 kommt Adolf Hitler an die Macht.
1939-1945 Zweiter Weltkrieg
1945 Abwurf der Atombomben auf Hiroshima und Nagasaki, Japan
1948 Teilung Deutschlands
1969 landen die ersten Menschen auf dem Mond.
1990 werden die beiden deutschen Staaten wieder vereint.
1996 Olympische Sommerspiele in Atlanta/USA

Illustrationen
Umschlag Donald Grant. **8 u, 8 r** Stéphane Barreau. **5 Mr** Jean-Philippe Chabot. **5 ol, 5 Spalte r, 5 ur, 14 or u. Sticker, 14 Mr, 15 ul u. Sticker, 15 M, 15 r** Luc Favreau. **26 l, 27 Klappteil Vorderseite r** Donald Grant. **4 u** Gilbert Houbre. **Umschlag Rückseite** Jacques Lerouge. **20 o u. Sticker, 20 ul, 21 Klappteil Vorderseite, 21, 21 Klappteil Rückseite ul, M, Spalte r** Gérard Marié. **18 Spalte r, 19 Klappteil Vorder- und Rückseite or, 19 or** Mit Erlaubnis des Deutschen Museums, München **19 ul** Daniel Moignot. **22 Ml, 22 u, 22 Spalte r, 23 M, 23 od** Marc Mosnier. **10 or, 11 M u. Scheibe, 11 Mu, 11 ur** Maurice Pommier. **12 Zifferblatt u. Scheibe, 12 Mu** (Uhrkette), **13** Jame's Prunier. **6 ol, 6 Ml, 6 u, 7, 24 ol, 25 or** Michel Sinier. **9 Spalte r, 9 Klappteil Rückseite l, u, or** Franck Stephan. **2 Spalte ol, 2 or, 3 Klappteil Vorderseite o, u, 3 Klappseite Rückseite u, 3 ol, 3 oMr, 3 u** Jean Torton. **17 Klappteil Vorderseite, Rückseite, 17 M, 17 ur** Pierre-Marie Valat. **18 ul** Bernard-Hugues Ville. **Computergrafik 2, 19 ur u. Transparentfolie** Patrick Alexandre. **32, 33, 39 r, 40 M** Ilse und Rudolf Ross

Bildnachweis
2 ur © British Museum, London. **3 Klappteil Rückseite o** Walter Geiersperger/© Jacana, Paris. **3 or** © British Library, London. **4 ol** *The Mechanic's Magazine*, London, 1824/© Image Select, London. **5 ul** Bibl. nat., Paris. **5 Mo** Heinrich Groff, *La Mine de Saint-Nicolas*, seitenverkehrt gedruckt/Ecole nationale supérieure des beaux-arts, Paris. **6 r, 7 l** Lavis de Dromard, Ende 18. Jh./© Musée des Arts et Métiers, Studio photo Conservatoire national des arts et métiers, Paris. **8 ol** *Miroir de l'humaine salvation*, 15. Jh., Musée de Condé, Chantilly/© Giraudon, Paris. **9 Klappteil Vorderseite** *Ansicht von Brügge*/© Bayerische Staatsbibliothek, München. **9 oM** Sammlung Charles Dollfus, DR. **9 Klappteil Rückseite oM** © Société Potain, Vitry-sur-Seine. **10 ol** *Description de l'Egypte*, Institut d'Orient, Paris/DR. **10 u** Bibl. nat., Paris. **11 or** West Virginia © W. Cody/ © Cosmos, Paris. **12 ul** Japanische Uhr, 18, Jh./© Willy Abplanalp, Neuchâtel, Schweiz. **12 Mu u. Sticker** Antiquorum, Genève/ Montres Breguet, Paris. **12 ur** Uhr von Robin, 18. Jh., **12 Scheibe** Uhr von Le Coultre, 19. Jh./© Sammlung Musée international d'horlogerie, La Chaux-de-Fonds, Schweiz, photo Institut l'Homme et le Temps. **14 l, 14 ur** Automat von Kintzing u. Rœntgen, Photo P. Faligot-Seventh Square/© Musée des Arts et Métiers, Paris. **15 ol u. Sticker** Elektrischer Automat von Decamps, 1934, Studio Photo CNAM/© Musée des Arts et Métiers, Paris. **16 ol** Salomon de Caus, *De la raison des forces mouvantes*, 1615/© Bibliothèque du CNAM, Paris. **16 or** Pierre-Denis Martin, *Vue du bassin d'Apollon et du grand canal de Versailles en 1713*, rv 757 Versailles, **u. 16 u** *Machine de l'acqueduc de Marly*, rv 778 Versailles/© Réunion des Musées Nationaux, Paris. **17 oM** Jeux de Tivoli/DR. **18 ol** Boulier chinois, 20. Jh./ © Patrick Léger, Gallimard Jeunesse, Paris. **19** Abbildung aus der *Encyclopédie* von Diderot u. d'Alembert, 18. Jh./ DR. **19 ol** Maschine von Babbage, Science Museum/ Science & Society Picture Library, London. **19 Mr** Rechenmaschine Curta/ Auszug aus: Jean Marguin, *Histoire des instruments et des machines à calculer, trois siècles de mécanique pensante 1642–1942*, Hermann, Paris. **19 ur** © James Sugar, Black Star/ Studio B, Paris. **20 Mr** 1958/© Raymond Kessler, Longvic. **21 Klappteil Rückseite ol** © Museo Leonardo da Vinci, Vinci. **22 ol** M. Maurette/© CNES, Toulouse. **23 ol** David Parker/Science Photo Library/© Cosmos, Paris. **23 ul** Antonio Pagnotta/© Cosmos, Paris. **24 or** Abel Pann, *Elias Howe*, um 1900, **24 ul** Pierre Loti, *L'Art ménager*, Februar 1930, S. 74 **u. 25 ul** Anonymus, 1949/ © Bibliothèque Forney, Paris. **25 ol** DR/© Thomson Archives, Paris. **25 Ml** veröffentlicht in *La Merveilleuse Histoire du lave-linge*, de Michel Rachline, Thomson/ Olivier Orban, S. 16/DR. **25 oM** Nähmaschine von Thimonnier, 1830/ © Musée des Arts et Métiers, Paris. **25 ur** © Patrick Léger, Gallimard Jeunesse, Paris. **26 or** *Startling stories*, US Pulp Magazine, 1939, DR/ Musée de la science-fiction, Yverdon-les-Bains, Schweiz. **26 ul** „Dampfmensch", George Moore, 1893, *la Nature*/ DR. **26 uMl** *R. U. R.*, Capek, 1921, St-Martin's Theater, April 1923, DR/ © Mander & Mitchenson Theater Collection, Beckenham, Kent. **26 uMr** *Metropolis*, Fritz Lang, 1926 © Universal City Studio, Inc. Courtesy of MCA publishing rights, a division of MCA Inc./Ciné Plus, Paris. **26 ur** *Alarm im Weltall* Fred McLeod Wilcox, 1956 © Turner Entertainment Co. Alle Rechte vorbehalten/British Film Institute, London. **27 Klappteil Vorderseite ol** © Patrick Léger, Gallimard Jeunesse, Paris. **27 Klappteil Vorderseite ul** *Krieg der Sterne,* George Lucas, 1977, Star Wars TM & © Lucasfilm Ltd. (LFL) 1977. Alle Rechte vorbehalten/ Daniel Bouteiller, Paris. **27 Klappteil Vorderseite uM** *Nr.5 lebt*, Kenneth Johnson, 1988 © Courtesy of TriStar Picture, Inc. 1988. Alle Rechte vorbehalten/Cat's, Paris. **27 Klappteil Rückseite ol u. 27 Spalte links u. Sticker** © Abracadabra, London. **27 Klappteil Rückseite M** Robot de Abracadabra/© Patrick Léger, Gallimard Jeunesse, Paris. **27 Klappteil Rückseite or** Science Photo Library/© Cosmos, Paris. **27 Mr** © The University of Utah, Salt Lake City. **28** David Parker/Science Photo Library/© Cosmos, Paris.

Danksagung
Abracadabra, London. Christian u. Sharon Bailly, Autoren von *L'Age d'or des automates*, Paris. Cassandra Barbour, TriStar Pictures Inc. Culver City, Ca. Antoine Bourely, Société Pellenc, Pertuis. Anne Brucker, Thomson, Paris.
M. Foncuberta, Cybernitex, Villauclair. Geoff Burdick, Lightstorm Productions, Santa Monica, Ca. Julie Carrol, Sarcos, Salt Lake City, Utah. Bernard Le Gourierec, société Potain, Vitry-sur-Seine. Raymond Kessler, Longvic. Alina Krukowski, Lucas Film, San Rafael, Ca.
Kathy Lendech, Turner Entertainment Co., Los Angeles. Debra Mostow Zakarin, MCA Universal, Universal City, Ca. Herr und Frau Mouchet, Morangis. Marie-Pierre Picard, société ABB, Saint-Ouen-l'Aumône. Steven Sellers, Carolco, Los Angeles Ca. (Abbildung S. 27 Klappteil Vorderseite r stammt aus "TERMINATOR 2" : TAG DER ABRECHNUNG courtesy of Carolco Picture Inc. Motion Picture © 1991 CAROLCO PICTURE INC. Alle Rechte vorbehalten. Terminator 2 ist eine Markenbezeichnung von Carolco). Anne Spentzas-Fabien, Emmanuel Breguet, Montres Breguet, Paris. M. Weber, Frau Frand, Groupe Repmo Machines-Outils, Paris.

Ein besonderer Dank geht an Emmanuelle Codani-Laïk.

Wo gehören die Selbstklebebilder hin?

Nr. 1 auf Seite 6, Nr. 2, 4 auf Seite 20, Nr. 3, 13 auf Seite 15, Nr. 5, 9 auf Seite 7, Nr. 6 auf Seite 2, Nr. 7 auf Seite 17, Nr. 8, 14 auf Seite 5, Nr. 10 auf Seite 26, Nr. 11 auf Seite 19, Nr. 12 auf Seite 14, Nr. 15 auf Seite 12, Nr. 16 auf Seite 27, Nr. 17, 18, 19, 20, 21 auf Seite 22

Titel der Originalausgabe:
Des machines et des robots

Printed in Italy
ISBN 3-411-09201-7

In der gleichen Reihe sind erschienen:

Wie entstand die Malerei?
Sternenhimmel und Planeten
Feuer – Freund oder Feind?
Instrumente der Musik
Über Bäume und Wälder
Die Theater der Welt
Vom Urknall zur Elektrizität
Die Arbeit des Bildhauers
Der Traum vom Fliegen
Die Kunst des Bauens
Wind und Wolken – Wer macht das Wetter?
Wie die Bilder laufen lernten
Der Weg des Wassers
Die Abenteuer der Seefahrt
Unser Planet Erde
Die Geschichte des Buches
Auf Straßen und Schienen
Die Welt der Säugetiere
Im Reich der Insekten

Übersetzung und deutsche Bearbeitung
Hans Peter Thiel
Marcus Würmli
Redaktion
Kristina Petersen
Beratung
Bruno Jacomy

Band 3

Wie entstand die Malerei?
Über Farben, Pinsel und Flächen: ein Blick in die Werkstätten der Maler.
ISBN 3-411-09011-1

Band 4

Feuer – Freund oder Feind?
Über das magische Feuer und wie der Mensch seine Kraft gezähmt hat.
ISBN 3-411-09031-6

Band 5

Über Bäume und Wälder
Die Waldgürtel der Erde: von der Tundra bis zu den tropischen Regenwäldern.
ISBN 3-411-09051-0

Band 9

Der Traum vom Fliegen
Ballons, Luftschiffe, Propellermaschinen und die tollkühnen Eroberer des Himmels.
ISBN 3-411-09091-X

Band 10

Die Kunst des Bauens
Pyramiden, Kathedralen, Wolkenkratzer: über die Bauwerke dieser Welt.
ISBN 3-411-09101-0

Band 11

Wind und Wolken – Wer macht das Wetter?
Über die Lufthülle der Erde und die Geheimnisse der Wettervorhersage.
ISBN 3-411-09111-8

Band 15

Unser Planet Erde
Kontinente, Meere und Völker: über die Erde und ihre vielen Gesichter.
ISBN 3-411-09161-4

Band 16

Die Geschichte des Buches
Schrift und Bild auf Seide, Leder und Papier: die Kunst des Büchermachens.
ISBN 3-411-09171-1

Band 17

Auf Straßen und Schienen
Kutschen, Dampfloks und der ICE: eine Geschichte der Fortbewegung.
ISBN 3-411-09181-9

Sternenhimmel und Planeten
Über den Traum vom Flug in das Weltall und die Wunder des Nachthimmels.
ISBN 3-411-09021-9

Instrumente der Musik
Über Trommel und Flöte, Stradivaris Geige und die Orchester der Welt.
ISBN 3-411-09041-3

Vom Urknall zur Elektrizität
Die Energiequellen der Erde und wie der Mensch ihre Kraft zu nutzen verstand.
ISBN 3-411-09071-5

Die Arbeit des Bildhauers
Über Stein und Holz, Bronze und Kunststoff: der Weg vom Material zur Form.
ISBN 3-411-09081-2

Die Theater der Welt
Über Kostüme, Kulissen, Komödianten und die großen Bühnen der Geschichte.
ISBN 3-411-09061-8

Wie die Bilder laufen lernten
Ein Spaziergang durch die Geschichte der Traumfabrik: hundert Jahre Kino.
ISBN 3-411-09121-5

Die Abenteuer der Seefahrt
Kanus, Segelschiffe, Ozeandampfer und die Eroberung der Weltmeere.
ISBN 3-411-09141-X

Der Weg des Wassers
Der ewige Kreislauf des Wassers als Lebensgrundlage für Menschen und Tiere.
ISBN 3-411-09131-2

Komm mit auf den Leuchtturm!

Band 18

Die Welt der Säugetiere
Auf dem Lande, unter der Erde und im Wasser: über das Leben der Säugetiere.
ISBN 3-411-09191-6

Band 19

Maschinen und Roboter
Federn, Hebel und Getriebe: der Mensch und seine technischen Erfindungen.
ISBN 3-411-09201-7

Dinosaurier!

Sei dabei, wenn eine Violine entsteht!

Band 20

Stand November 1996

Im Reich der Insekten
Über die bunte Wunderwelt der Tarnungskünstler und Akrobaten der Lüfte.
ISBN 3-411-09211-4